教えて！先生シリーズ

蛭田先生。地域資料は集めるだけじゃダメってどういうことですか？

～ストーリーでわかる地域資料サービスの考え方～

【監修】蛭田　廣一

目次

【登場人物】

●佐藤　美咲：この物語の主人公で二十八歳。美術館めぐりや読書が好きで、司書としての仕事に真摯に取り組む。四年ほど前から国野《くにの》市立中央図書館に勤務。YAを担当。

●石川　由香：美咲が働く国野市立中央図書館の後輩職員。竹を割ったような性格で、表裏がなく、素直で明るい。

●佐伯　和也：美咲の直属の上司。課長として、図書館職員の教育にも注力。

●小野寺　景子：国野市立中央図書館の司書で、地域資料サービスの担当者。美咲に業務を丁寧に教えてくれる先輩。

●蛭田　廣一：美咲に、地域資料サービスについて教えてくれる先生。一九七五年、小平市図書館司書として小平市に勤務し、一九八五年より小平市中央図書館に勤務。二〇〇五年四月から二〇〇八年三月、中央図書館館長を務める。二〇一〇年、図書館功労者として文部科学大臣表彰を受賞。二〇一一年、日本図書館協会認定司書に認定。長年、三多摩郷土資料研究会や日本図書館協会の資料保存委員会等で活動し、二〇〇八年～二〇一四年には小平市制施行五〇周年記念の市史編さん事業に統括参事として携わる。

※読者特典オリジナル動画「地域資料と資料保存」と蛭田先生の著作・講演歴をまとめたオリジナル資料のダウンロード情報は167ページにあります。

※この作品はフィクションです。蛭田さんと小平市中央図書館以外の登場人物、団体、出来事などはすべて架空の名称です。

第1章

美咲、自館の地域資料について考える

美咲の日常業務

「あの、すみません。この本借りるのに、カード作りたくて」

「利用者カードの作成ですね、ありがとうございます。あちらの台に申込書がありますので、ご記入いただき、またお声がけください」

東京都西部にある国野市立中央図書館は、夏休み中の児童や生徒で溢れかえっている。この時期は、読書感想文や調べ学習の宿題のために訪れる小中学生、親御さんも多い。

「これ、記入しました。あと、学生証なんですけど……」

差し出された小さなカードを見た佐藤美咲は、相手が市内の中学生であることを確認した。美咲は四年前から国野市立中央図書館の司書として働いている。慣れた手つきでパソコンを操作し、デスクトップの「利用者登録」画面をクリックする。

最近は、ティーン向けのＹＡ（ヤングアダルト）コーナーの一角にある企画スペースを見て、本を手に取ってくれる児童や生徒が想像以上に多い。今もまさにその反響を実感している。ＹＡサービスを担当する美咲が携わる、利用者に匿名で「読書感想文のおすすめ本」を紙に記入してもらい、その集計に沿って本をピックアップしてコーナーに展示する企画が好評のようだ。

「お待たせしました。こちらが利用者カードです。次回本を借りられる際も、ぜひお持ちくださいね」

　丸みのある書体で書かれた「国野市立中央図書館」という文字と、本をモチーフにした図書館のロゴ、バーコードが印字されたカードを渡すと、生徒は小さくお辞儀をした。

「返却日は九月二日です。延長をする場合の申請方法と、開館時間外に返却していただくための返却ボックスのご案内の紙も、念のためお渡ししますね」

「あ、はい。ありがとうございます」

「また来てね！」

　図書館を後にする生徒の後ろ姿を見送ると、美咲は返却された本のチェックを続ける。

「美咲さん。昨日の夜、眠れました？いつも以上に暑かったですよね？私夜中に暑くて起きちゃって」

　昨年から国野市立中央図書館で働き始めた、ひとつ年下の石川由香はそう美咲に投げかける。美咲にとって、初めての後輩だ。

「夜とは思えない暑さだったよね？設定温度も結構下げて、クーラーつけっ放しで寝たから大丈夫だったけど……今夜も暑そうだよね」

　そう話しながら、二人は開放感のある大きな窓から差し込むギラギラとした日差しに目を向ける。

「そういえば、先月から始まった『読書感想文のおすすめ本』を募集する企画、利用者の反応良さそうですよね。あそこのコーナーを見て、そのまま借りてくれる人が多いからびっくりしつつ、毎回心の中でガッツポーズしてます！」

と、由香は続ける。

「そうだよね、親御さんも見てくれているし、中学生だけじゃなく小学生も、ちゃんと自分で選んでいるのを見るとなんか嬉しいよね。とは言っても、あれは課長に投げてもらった企画だから、自分でもうちょっと考えられるようにならなきゃって思うよ」

「いいじゃないですか！良いアイディアは頂戴して、みんなで協力してやりましょ！」

「ふふ。協力もたしかに大事だよね」

「まぁ、私もああいうの考えるのにすっごく時間かかるし、うまく考えられないんですよね。私こそ先輩方を見習わなきゃです」

明るく返してくれる由香のおかげで、美咲の心は少し軽くなる。ただ、五年目となった司書として、今後のキャリアを考えると、もっと成長して積極的に企画やアイディアを出していかなければ……という気持ちもたしかにある。

この日は貸出、返却業務、排架、書架整理などをしていたらあっという間に夕方になってしまった。カウンターの真後ろにある時計を見ると、午後五時をまわっている。ガラスから漏れる光は相変わらずギラギラしていて、昼過ぎに涼しさを求めて流れ込んできた小学生のグループが、ぞろぞろと図書館を後にする。

美咲が入り口のほうにぼんやり目を向けると、小学生と入れ替わりで、薄いベージュの帽子を被り、大きなリュックサックを背負った男性がキョロキョロしながらこちらに向かってくる。手には、本が数冊見える。

「こんにちは」

明るい表情で美咲が男性に挨拶をすると、「あ、こんにちは。あの〜、眼鏡をかけた、女性の方……今日はいらっしゃいませんか？」と言葉が返ってきた。

女性職員の中で眼鏡をかけている人は、美咲の先輩である小野寺景子しかいない。

「眼鏡をかけている者ですね、髪が肩くらいの……？」

「あ〜そうですそうです！」

「承知しました。少々お待ちください」と返しながら、小野寺さんがいるであろう事務室に向かう。

静かに事務室のドアを開けて中を覗き込むと、さっきまで自席にいた小野寺さんはもちろん、課長もいない。首をかしげながら、美咲は再びカウンターに戻る。

「お待たせして申し訳ございません。眼鏡の職員…小野寺という者ですが、現在席を外しておりまして、恐縮ですが、どういったご用件かお聞かせいただけますか？」

美咲は遠慮がちにそう切り出した。すると男性は、手に持っていた本をカウンターに載せながら、話し始める。

「ええとですね、以前その方に、この北側にある阿佐野川のことを調べてもらったんですよ。それで、いくつか本を借りて読んだんです、この三冊なんですけど。そうしたら、この中に水害に絡んで神社がいくつか出てきて、今度はこの川に関係のある神社の本を見たいなと思って」

美咲が手元のメモ用紙に「阿佐野川、水害、神社」と書きながら「承知しました。今お調べしますので」と話しかけたとき、後ろから静かに、しかし足早な音が近づいてくる。

「お待たせしております、こんにちは。小野寺です」

美咲が振り向くと、小野寺さんは小さくうなずいた。メモを渡し、レファレンスを引き継ぐと、先ほどのカウンター業務に戻り、由香のもとに駆け寄る。

「由香ちゃん、もしかして、小野寺さんのこと呼びに行ってくれた?」

「あ~。念のため、会議室のほうの廊下も覗きに行ったら、ちょうど課長と会議室を出てこっちに歩いてくるところだったんですよ」

「そうなんだ。本当に助かったよ。ありがとう」

「いえ、間に合ってよかったです!」

美咲は胸を撫で下ろし、再び業務に戻った。

小野寺景子は、美咲がこの国野市立中央図書館で働き始めたとき、特に面倒を見てくれた先輩だ。排架、書架整理のやり方など基本的な業務はもちろん、企画展示のアイディア出しや進行のサポートをしてもらったことも数えきれないほどある。昼休みが被ったときには、お弁当を食べながら、小野寺さんが飼っている猫の写真を一緒に見たり、家族の話を互いにしたりと、気さくにコミュニケーションをとってくれる。頼れる存在だ。

あと三十分で閉館となる頃、小野寺さんが美咲のもとに歩み寄ってきた。

「さっきは代わりにありがとうね。あの、男性の利用者のレファレンス」

小野寺さんが微笑みながら感謝を伝えると、美咲は肩をすくめて恐縮する。

「いえ、こちらこそありがとうございます。本当にすごいタイミングで助けていただきました。阿佐野川の水害とか、私の知らないこの辺の歴史が出てきたから、ちょっとドキドキしていたんです」

小野寺さんが小さくうなずく。

「利用者って、知りたいこととか調べたいことが本当に幅広いし、深いところまで追求してくるもんね。でも、今回みたいに専門的な質問のおかげで、私も少しずつ鍛えられてきたのかも」

そう言って、遠い目をする小野寺さんに、美咲は目を丸くして尋ねる。

「じゃあ昔は小野寺さんも、あたふたしていたことがあるんですか？」

「胸を張って言うことじゃないけど、当たり前でしょ！」

二人は顔を見合わせて笑った。

「私はここの地元の人間だから、知っていることもあったんだけど、それだけじゃダメだからね。レファレンスにはまた違うスキルや知識が必要だし……」

「なんか、こういう話していたら、ここにきたときにいろいろ小野寺さんに教えてもらった日々を思い出しました」

「本当だね～、懐かしい。あれから三年？　いや四年は経ったよね。懐かしいなぁ。そういえば美咲ちゃんってあのときさぁ――」と、昔話に花を咲かせながら、二人は閉館準備に取りかかった。

定例会議の出来事

国野市立中央図書館では、毎週水曜日に定例会議がある。事務室を出て廊下を右手に進み、突き当たりにある大会議室がいつもの開催場所となっている。

今回は美咲が準備当番なので、十分ほど早めに会議室に入り、定例会議用のレイアウトに整える。窓を開け換気をしながら、会議室を入って正面にあるホワイトボードとモニターのほうを向いて並べられた、メモ台つきの椅子を十個ほど、円状に並べ直す。これは「みんなで顔を合わせて、話がしやすいように」という、佐伯課長のアイディアによるものだ。

午後一時をまわると、佐伯課長や小野寺さん、美咲、由香の他、再任用職員のベテラン司書の方や、パートで時短勤務をしているメンバーも集まり、八名ほどが席に着いた。各々がパソコンを見たり、ノートを開いたり、会議に向けて準備をしている。

「皆さんお疲れさまです。では、今週の会議を始めます」

佐伯課長が呼びかけると、全員姿勢を正す。

冒頭で、佐伯課長から、二階にあるトイレの一部だけが故障していること、その業者が来週修理に来ることが知らされた。また、来年から導入する、書籍除菌機についての説明資料も配られた。

そして、九月一日の「防災の日」にちなんだ企画展示についての確認も行われた。地震や津波、台風などをテーマにした本を、入り口正面のテーブルに展示する予定となっている。ポップのキャッチコピーやレイアウト案をもとに、佐伯課長が中心となって議論を進める。

「おお～。『防災で守る、大切な人の笑顔と未来』……わかりやすいね。このキャッチコピー、誰が考えたの？」

「はい、私です」

美咲の隣で、由香は堂々と手を挙げる。

「石川さんなんだね。何回か企画展示にかかわるようになって、だいぶ慣れてきた感じだね」

「いや、まだまだです。小野寺さんにも相談させてもらって、レファレンス事例とかを見ながら本をピックアップしました」

小野寺さんは目を細めながら、由香の声に耳を傾けている。

「キャッチコピーは何度も書き直して、結構混乱しましたが、どうにか形になりそうなところまで来ました。本当に皆さん、いろいろ助けていただいてありがとうございます……！」

みんなの温かな視線が、由香に注がれた。

定例会議の終わりには、今週の業務の振り返りや、気づいたことの共有、そして次週の定例会までのタスクの確認を行う。

「そういえばこないだ、レクリエーションで使うからって、小学校の先生からご連絡をいただいてクイズ本を案内したんですけど、子どもの読書習慣を促進するのに、クイズ本の企画展示をするのも面白そうですよね」

「たしかに、私も昔、動物の生態がわかるクイズ本、よく読んでたなぁ」

と、和やかな空気で話が進む。各々来週までに、おすすめのクイズ本をピックアップしてくることとなった。

「それでは、他に共有事項などはありますか？　なければ終わります」

佐伯課長の呼びかけに、「ないです」と小さくつぶやく美咲と由香。すると、小野寺さんが静かに手を挙げる。

「あの、いいですか?」

発言を促すように、佐伯課長は静かにうなずく。

「急な話で申し訳ないのですが、私は九月いっぱいで退職させていただくことになりました」

一斉に、小野寺さんに視線が集まる。美咲と由香も、パソコンを閉じる手を止めた。

「というのも、夫の転勤で関西のほうに行くことが決まって、もちろん司書としての仕事は好きなんですけど。あちらでもそういうところがあればいいのですが……急ですみません。皆さんにお願いする業務もあるので、忙しくさせてしまうと思います」

申し訳なさそうな表情の小野寺さんに、全員がゆっくり首を横に振る。

「そして、どうぞ残り短い時間ですが、引き続きよろしくお願いいたします」

深々と小野寺さんが頭を下げると、佐伯課長がコメントする。

「うん。残念なことだけど、残りの期間、よろしく頼みます。業務については私もフォローしますし、皆さんに相談する機会もまた別途あるかと思います。では、他には大丈夫かな？」

ゆっくりと周りを見渡して特に誰も発言がないのを見届けると、

「では、本日は以上です。あ、そうだ佐藤さん、ちょっとこのまま少し残ってもらってもいいかな？」

と課長が美咲に投げかける。

「はい、わかりました」

ぞろぞろと会議室を出ていく人たちを見送り、会議室には課長と小野寺さん、そして美咲が残った。窓の外から聞こえる蝉の鳴き声だけが、会議室に響いている。

「じゃあさっそく。さっき話があった、小野寺さんの件なんだけど……九月で退職ということで」

課長の横にいる小野寺さんも「本当に急な報告だったよね。ごめんね」と曇った表情で美咲に頭を下げる。

「いやぁ、あの、びっくりしたのはもちろんですが、いろいろ教えてくださった先輩なので、とても寂しいです」

佐伯課長も「そうだよね」と控えめにつぶやく。

「でも、もう残りの一カ月、大切に過ごしたいなと……まだまだ学ぶことばかりなので」

美咲がそう言い添えると、目を合わせ、言葉にならない感情を共有する小野寺さんと美咲を見守りながら、佐伯課長が話を続ける。

「うんうん。そうだね。それで、これもまた急な話なんだけど、これまで小野寺さんが主にやってくれていた地域資料サービスについて、佐藤さんに引き継いでもらいたいのだけどどうだろう」

「私が地域資料……ですか？」

「うん。こないだ小野寺さんとも話して、真面目にいろんな仕事に取り組んできてくれた佐藤さんだったら、地域資料サービスを任せられるということになったんだよ」

予想外の提案に美咲は目を丸くする。その様子を見て、小野寺さんも
「そうなの。利用者の対応も含めて、新たに身につける知識とかスキルも増えると思うけど、どうだろう。もちろん今すぐ決めなくていいんだけど、少し考えてもらえないかな。いろいろ忙しい中、ごめんね」とコメントする。

「いえいえ、そこは大丈夫です。でもそうですね。ちょっとお時間いただいても……大丈夫でしょうか？」

二人の表情をうかがいながらそう返す美咲に、課長がフォローを入れる。

「もちろんだよ。それにね、この図書館としては地域資料にまだまだ取り組みたいところがあって」

小野寺さんも横で首を縦に振っている。

「小野寺さんも手探りでやっていたから、小野寺さんの知識を分けてもらいつつ、あまり気負わずに、佐藤さんなりのアイディアを出してもらいたいと思っているので。引き受けてもらえれば、私も適宜フォローするし力になりたい、と思っているんだ」

状況を咀嚼するように、美咲は深く、ゆっくり二回ほどうなずく。

「他に気になることがあったら、私でも小野寺さんでも、適宜聞いてほしい。それで、来週また話しをする時間を作ってもいいかな?」

「はい、大丈夫です」

課長と美咲のやりとりを申し訳なさそうに見つめていた小野寺さんも
「いろいろすみませんが、よろしくお願いします」

と頭を下げる。

「いやいや、事情が事情だから、こちらもできる限りサポートするよ。では、今日はひとまずこれで。佐藤さんも、忙しい中時間を作ってくれてありがとうね」

「いえ、ありがとうございました」

そこから事務室までの道のりは、あまり覚えていない。気がつくと、事務室でパソコンに向かって事務作業をしていた。仕事の合間に、この日は何度も「地域資料コーナー」の前を通ってはソワソワしていた。

閉館時間が過ぎ、閉館作業を終えると、美咲と由香はタイムカードを押す。残っている佐伯課長に、「お疲れさまでした！お先に失礼します」と挨拶し、二人は図書館から駅へと向かう。外はようやく薄暗くなってきた。図書館の隣の公園で遊んでいる人は誰もおらず、ただ静かに夜が迫るのを待っている。

「美咲さん、今日の定例会の小野寺さんの件、本当にびっくりでしたよね？」

「そうだよ～。あと少ししか一緒にいられないのが、まだあんまり現実的じゃない気がする」

「そうですよねぇ……。いろいろ教えてくれた先輩、いなくなっちゃうのかぁ」

生ぬるい風が、二人の間を抜けていく。日没前の空は、ピンクと紫色が混ざっていて、少し不気味な雰囲気を漂わせている。

「それであの後さ、小野寺さんの仕事を引き継げないかって話をされたんだけど」

「あ～！それで美咲さんだけ残ってたんですね。期待されてるなぁ～さすが」

「いやでも、たしかに新しいこととか、いろいろチャレンジしたい気持ちもあるけど、あんまり自信がないし。ちょっと混乱しちゃって」

「まぁ、突然のことですもんね」

交差点の手前で立ち止まり、赤信号を二人はぼーっと見つめる。青信号に変わると同時に、再び由香が口を開く。

「ひとまず今日はもうゆっくり寝て、すっきりした頭で明日また考えてみたらいいんじゃないですか？私はそもそも、寝たら忘れちゃうんですけどね！」

「由香ちゃんらしいなぁ」

駅に着き、別れの挨拶をすると、下り方面に由香が、上り方面に美咲が向かう。美咲はさっきの由香との話を思い返しながら、電車の中で物思いにふける。

（やっぱり、せっかくいただいた機会だし。少し前向きに考えてもいいのかな）

そう考えながら、どっと疲れた体を座席の背もたれに預け、ゆっくりと目を閉じる。

地域資料の世界へ

夏休みの終わりが近づく日。出勤した美咲はいつもより少しだけ元気に「おはようございます」と事務室のドアを開ける。

みんなが「おはよう～」「おはようございます」と返す声に会釈しながら、自分のデスクに着き、荷物を置く。パソコンを立ち上げ、急ぎのメールがないことを確認すると、そのまま返却ボックスに返却されている本の回収と、その本の返却作業に取りかかる。ほどなく由香も出勤し、テキパキと新聞の入れ替え作業を進める。

図書館の朝は忙しいが、美咲は黙々と進める仕事も好きなほうだ。そして、まだ誰もいない図書館に一番乗りできるこの時間も気に入っている。

「じゃあ、そろそろ開館します」

佐伯課長が呼びかけ、入り口の自動ドアが開かれる。外の熱気とともに、待っていた常連の利用者が三、四名入ってくる。

事務室に戻ると、美咲は佐伯課長に静かに近づく。

「あの……佐伯課長、すみませんがこないだの件で、どこかでお時間もらえませんか?」

「ああ、うん、いいよ！今聞こうか」

課長が自席の横の空いている席を勧めてくれたので、美咲は「失礼します」と腰を下ろし、課長と向き合う。

「それで、お話をいただいた、地域資料サービスの件なんですけど」

少し緊張した面持ちで美咲が切り出す。

「うん。どうした? 何か気になることでもあった?」

課長は前傾姿勢になる。

「いえ。私でできることがあれば、ぜひ担当させていただきたいと思って」

「おお、そうかそれはよかった」

「ただ、今は恥ずかしながら本当に何も知らないので……今後いろいろとご迷惑をおかけするかもしれません」

「いやいや、前向きな気持ちを聞けてとにかく嬉しいよ。初めてのことだから、これから覚えていけばいいんだよ」

佐伯課長はそう言って美咲を励まし、「小野寺さんは有休消化で休みの日があるから、私から次の出勤日に伝えておくよ」と続けた。

「わかりました。ありがとうございます」

「あ、そうそう。明後日の定例会議の後に、また少し話す時間をとってくれないかな？　それと、その会議のときに、一応皆さんにも佐藤さんが担当するっていうことを、報告させてもらうね」

「わかりました。お願いします」

美咲は張り詰めた気持ちが和らぐのを感じた。


定例会議では、最後の時間に予定どおり佐伯課長から、美咲が地域資料サービスの担当になることが報告された。

「それでね、佐藤さんがひとりですべてを抱え込むのも大変だろうから、石川さんもサポートに付いてもらうことにしたよ」

佐伯課長はチラリと由香に視線を向ける。由香は、美咲のほうに顔を向け、口元を緩ませながら会釈する。

「これから二人には、当館でまず取り組むべきことなどを考えてもらいたいんだけど、いきなりは難しいだろうから、まずは基礎知識を身につけてもらいたい。その辺の話をこの後事務室に戻ってからしようか。それで、だいたい一カ月くらいで今後の方向性を決めて、少しずつ実践に進んでもらいたいと思っています」

美咲と由香の背筋が自然と伸びる。

「では、これで定例会を終わります。お疲れさまでした」

「お疲れさまでした」

事務室へ向かう廊下で、美咲は前を歩く由香に声をかける。

「いつの間にそんな話になってたの？　びっくりしたけど、心強いよ、ありがとう」

「へへ。本当はすぐ言いたかったんだけど、今日の定例会でいきなりのほうが驚くかなと思って。勝手にサプライズしちゃいました」

笑いながら事務室に戻ると、課長が自席で二人を手招きしている。歩み寄ると
「お疲れさま。さっきのことなんだけど、実はいくつか小野寺さんから資料やメモを預かっていてね」

と、資料が入ったファイルと、ルーズリーフのメモがまとめられたバインダーを見せる。

「このファイルには、小野寺さんがこれまでの研修でもらった資料が入っていて、ルーズリーフには、普段の業務で役立ったことや、勉強していたときのメモが書かれているみたい。こないだ私も小野寺さんに渡してもらって、中身を見てみたんだけど、一番上のルーズリーフに書いてある方は、どうやら地域資料サービスの有識者みたいだよ」

受け取ったバインダーの表紙を開くと、「蛭田《ひるた》廣一《ひろかず》」という名前が目に入る。

「それで、その方が書かれた本も一冊預かっているよ」

そう言うと、美咲に手渡す。

・**『地域資料サービスの実践』／蛭田廣一著／（日本図書館協会）**

「蛭田……さん、ですか。ちょっと、後で調べてみます」

「うん、いろいろ勉強するのに役立つと思うから、よろしくね」

佐伯課長が美咲と由香に微笑むと、

「ありがとうございます！」と二人は声を揃えた。

その日の帰り道の電車で、美咲はさっそく課長から預かった書籍を開いて、まずは目次を眺めてみる。

（「地域資料」サービスの意義とか書かれていて勉強になるな……うちの図書館ではできていないことが多そうだな……）

そう不安に思いながらも、新しいことに挑戦する高揚した気持ちも抱いていた。

あれから美咲は、蛭田さんの著書を通勤電車の中で少しずつ読み進めている。ちょうど昼休みに、由香にそのことを話す。

「ついに勉強スタートですね！　私はこないだ、抹茶がおいしいカフェがあるからって友達と出かけたんですけど、その帰りに近くの有東区立中央図書館に寄って」

「え〜すごい行動力」

「そこの地域資料コーナー、結構じっくり見てきたんですよ。うちとはまた違った取り組みで、企画も面白かったですよ」

　美咲は、由香の行動力にあっけにとられながら、少し焦り始める。

「……でもそうだよね。地域資料のことがよくわからないなかでもできることをやらなきゃね。他の図書館の様子とか見れば、何かわかることがきっとあるよね」

「そうですねぇ。私は完全に思いつきでなんとなく行っただけなんですけど、得るものはたしかにあったと思います！」

「なんか、由香ちゃんのおかげでまた視野が広がったかも。ありがとう。私も他の図書館見てこよう」

　由香の明るさはいつも美咲の背中を押す。

「いやいや、大袈裟にやめてくださいよ。それより、そのとき買った抹茶プリン、美咲さんと一緒に食べるのに二つ持ってきたんで一緒に食べましょ？」

「いいの？　ありがとう、いただきます」

　二人でプリンを頬張りながら、他愛もない雑談を続けた。

第2章

美咲、蛭田さんにコンタクトをとる

地域資料について考える

　地域資料サービスに携わることとなった美咲と由香の二人は、昼休みが同じタイミングになる日に、地域資料の勉強会を開くことにした。この日は、事務室前の廊下をはさんだ向かい側にある小さな会議室を使うことになっている。会議室に入ると、二人は正面のホワイトボードに向かうように並べられた、長テーブルにお弁当をポンと置く。

「あ、美咲さん、今日はお手製弁当ですか？」

「お手製弁当って言えるほどじゃないよ〜。朝は時間がないから、昨日のうちに握っておいたおにぎり。なんか、ちょっと大きく作っちゃった」

「へぇ〜。こまめにそういうのやってて、本当にすごいなぁ」

「夕飯の残りのご飯でささっとやっただけだよ。由香ちゃんは今日はコンビニ？」

「はい！今日はサンドウィッチと、デザートにヨーグルトもつけちゃいました」

　由香は、ビニール袋から嬉しそうにヨーグルトを取り出す。

「みかんが入ってるやつだ」

「そうです、桃のやつと迷いました」

「ふふ、じゃあ食べながら話そうか」

「はい！　いただきま〜す」

二人はそれぞれ手を合わせ、食事を始める。美咲はおにぎりを咀嚼しながら、手提げ袋から本とノートを取り出した。

「あ、そういえば」と美咲はつぶやく。

「由香ちゃんに触発されて、こないだ私も他の図書館行ってきたよ」

「わぁさっそく！　どこ行ってきたんですか？」

由香は、思わず身を乗り出して質問した。

「えっとね、日之坂市」

「あ、じゃあ私の家の方面ですね！　わざわざ西のほうに、何かの用事のついでですか？」

「いや、地域資料サービスのことを調べるとね、結構な確率で日之坂市の図書館が出てくるの。行ける距離だからと思って、行ってみた」

目をキラキラさせ、胸の前で小さく拍手をする由香。美咲は照れた表情でさらに続ける。

「あと、こないだ佐伯課長から渡された『地域資料サービスの実践』っていう本を読み進めていて」

「著者は地域資料サービスの世界で有名な方なんですよね」

美咲は「そう」と返して続ける。

「調べたら、小平市の中央図書館の館長をやられていたみたいでさ」

「え～！ 結構近いところにそんな方がいたんですね」

由香の動揺に共感するかのごとく、美咲はコクコクと何度もうなずく。

「ね、びっくりだよね。それで、最近蛭田さんの別の著書も買って、次はこれを読んでみようと思っているんだ」

そういうと、その書籍をテーブルに置いて由香に見せた。

・『地域資料のアーカイブ戦略』／蛭田廣一編／（日本図書館協会）

サンドウィッチを頬張る手を止めて、由香は書籍に目を落としてから美咲の顔を見つめる。

「……ん？ なんか、変だった？」

首をかしげる美咲。口をもごもごさせていた由香は、お茶で一気にサンドウィッチを流し込む。

「美咲さんって結構、考えて考えて考え抜いて……って感じじゃないですか。それがなんか、行動のスピードがだいぶ早い気がして、良い意味で驚かされました。超特急で進んでるー！」

興奮気味の由香は、親指を立てながら早口でそう返した。

「へへ。そうかな」

「ですです。それと、なんかイキイキしている感じがします。楽しそう」

由香の素直なリアクションに、美咲は落ち着かない様子で何度も蛭田さんの著書をパラパラとめくっていた。

「それでね、蛭田さんの本に、『地域資料』っていうものの意味とか、定義みたいなのが載っていたから、それを復習の意味で由香ちゃんに説明してもいい？」

「ぜひ！私もネットで少し調べただけで、ちゃんと知りたいと思っていたところでした」

「よかった。じゃあ、ちょっとこの残りのひと口だけ食べたら始めます」

美咲は、最初に手をつけた、鮭が入ったおにぎりを口に放り込むと、蛭田さんの著書の、付箋を目印にしたページを開く。由香はサンドウィッチの最後のひと口を食べ終えたところだった。

「じゃあまずは地域資料の意味なんだけど、地域資料は……その地域を把握するためのすべての資料のことを指すみたい」

「すべての資料？結構幅広くないですか？」

「うん。なんか、その地域に関することが書かれていたり、その地域で作られたり生まれたりした資料は、全部地域資料らしいよ」

美咲は、本を指でなぞりながらそう話す。

「まぁたしかに、その地域のことが書かれている本、その地域で生まれ育った小説家の本とかって、棚に置かれてますもんね。なんとなくは、定義がわかったような」

「そうなんだよね。これくらいの理解度でいいものなのかなぁ」

二人で天を仰ぎながら、少しの沈黙が流れる。

「あと、郷土資料っていう言葉も説明があって。私今まで、郷土資料と地域資料の違いってあんまり意識したことがなくてさ」

美咲はこめかみのあたりをさすりながら、少し恥ずかしそうに打ち明ける。

「え、私も深く考えたことなかったです」

興味津々な由香は、美咲のほうに体を向けて、メモの体勢をとっている。

「なんか、解釈はさまざまなんだけど、まず昔は郷土資料っていう呼び方が当たり前だったんだって」

「郷土って、なんか、歴史的で古い感じがする……」

「でも、本当にそうなのかも。昔は古文書とか、その土地の歴史にかかわるようなものが郷土資料として収集されていたみたいで」

美咲は本とノートを見比べながら、話し続ける。

「人によっては民俗学とか考古学に関連するような資料が郷土資料だって言ってたり、『今』に関連する資料じゃなくて『昔』の資料しか郷土資料には含まれないんじゃないかって話す人もいたりして……」

「へぇ～。でも、なんとなくその解釈のニュアンスはわかるような」

「それでなんか、面白いな～と思ったのが、東京都の図書館が郷土資料じゃなくて地域資料を使うようになっていった背景のひとつに、郷土意識が低い地域で『郷土資料』って言葉を使っても、ちょっとわかりづらいんじゃないのか？って話があって」

詳しく知りたいとでもいうように、由香はメモの手を止めて、美咲の顔を見つめる。

「当たり前だけど、東京って、東京出身じゃない人がすごく多いじゃない？ だから、そういう人からしたら『郷土』って、都内の自分が今住んでいる場所じゃなく、地元を思い浮かべる可能性があるよね」

「……ですね！」

「そういう背景もあって、地域資料って言葉を使うようになった図書館もあるみたい。もちろん、今も郷土資料って書いているところもあるし、郷土資料（地域資料）って併記するパターンもある。解釈によっては、郷土資料も地域資料も同じ意味だって話す人もいるから、本当にさまざまなんだろうね」

由香は深く納得し、少しのけ反りながら感嘆の声を漏らす。美咲はペットボトルのお茶をひと口飲み進めると、今度は地域資料の種類について説明し始める。

「それでね、蛭田さんの本を読み進めたら、地域資料の種類っていうのもいくつか書かれていて」

「種類、ってどういう意味の種類だろう」

「まず有名なのは行政資料。これはさ、由香ちゃんもなんとなくわかるよね？」

「はい、私たちも時々、ファイリングとか手伝っていたやつですよね？」

「うん。年度が切り替わる前後は小野寺さんも大変そうだったもんね」

二人は少しだけ遠い目をする。

「本に書いてあったのは、行政資料っていうのは、国の機関……司法、行政、立法機関とか、それに関係する機関、あとは都道府県、市町村とかが作成した資料のことを指すんだって。すごくざっくりの説明だけどね」

由香はそれを聞いて、浮かない顔で話し始める。

「あ、そっか。国レベルの資料も行政資料ですね。でもなんか、私たちがイメージする行政資料って、やっぱりその地域の、地方公共団体レベルのものが多いイメージ……」

「たしかに」

急いで美咲は、蛭田さんの著書をめくる。パラパラと、目次と照らし合わせながら内容を吟味すると、再び口を開く。

「あ、あれだ。公立図書館が地域資料として行政資料を集める範囲は、いわゆる都道府県、市町村とかが作った、行政に関する資料とされているんだ」

「なるほど。そういう基準があったんですね。あ、そういえば、大学の司書課程の授業の図書館法のところでも地域資料のことが触れられていました」

由香はそう言うと、スマートフォンでさっそく調べる。

「ええと、図書館法第三条のところです」

美咲も一緒に画面を覗き込むと、静かに読み進める。

「へぇ。図書館は、郷土資料、地方行政資料、美術品……とかの収集にも注意を払って、一般公衆が利用できるようにしないといけない、みたいなことが書いてあるんだね」

「国の法律としてちゃんと明記されているって、なんかすごいですね」

「うん。あと、『地方行政資料』ってここで書かれているから……まさにさっき出てきた都道府県、市町村とかが作った、行政に関する資料っていう表現もされているんだね」

美咲はそう話すと、サラサラとノートにメモを加える。由香もようやく納得したようで、明るい表情で美咲の声に耳を傾ける。

「それで、そういう行政資料が具体的にどういうものかというと、条例とか規則が書いてあるのもそうだし、あとはうちでいうと……」

「……なんか、都市開発の計画書とか？」

由香が、記憶を手繰り寄せるようにそうつぶやく。

「そうだね。それに予算書とか決算書、市議会の議事録、統計書とかもあったよね。行政資料は、その地域の沿革とか課題を理解するのに役立つ、大切な資料なんだってさ」

「へぇ〜。それこそ、地域を研究している人の役にも立ちそう。数字でわかる資料が多いですもんね」

「そうだね。あと他の種類でいうと書籍とかの図書。雑誌とか新聞とかももちろん、地域資料の種類としてあるよね」

「あーなるほど」

由香はそう相槌を打ちながら、美咲の次の言葉を待っている。

「あとは パンフレットとか、ポスターとか、チラシもそうだし、手書きの文書とかもそうらしいよ。写真も地域資料の一種って書いてあったから、本当さまざまだよね」

「ん～、チラシもですか？　何に使うんだろう」

「何に使うんだろうね。チラシってだって……チラシと言ってもいろんな種類があるから、具体的にどの範囲のものを対象にするのかも気になるよね」

　二人でうんうんと唸りながら、少しの時間が流れる。

「この辺、後で調べたりしたほうがいいのかな」

「うん。そうですね。とりあえず、後で疑問を解決したいものとしてメモに書いておきます」

　そう話すと、由香はペンを走らせる。

「それで他に書いてあったのが、美術品とか工芸品とか発掘調査で出土した遺物とかも地域資料のジャンルに入るんだって。面白いよね。でもそういうものは博物館とか美術館に収集、管理を任せる場合が多いみたい」

「たしかに。そっちの展示コーナーに置いてあるイメージがあります。施設によってそういうすみ分けがされているんだろうなぁ」

「他には、『収集』のための方針を決めたり、役割分担をしたり……組織化っていう、利用者の方々にすぐに情報を提供できるような仕組みを整えたり、目録や索引を作る作業も必要みたいだよ」

「う～ん。収集も含めて役割が思った以上に多いですよね」と、由香は課題の多さに触れる。

「本当だよね。まぁ、課題はあるけどざっくり概要はそんな感じかな」

「わ〜ありがとうございます。一気に詳しくなったような気がします」

由香は、今回のメモに書いた内容をゆっくり指差し確認しながら、満足そうな表情を浮かべている。

美咲は「でも、あくまで私が読んでみての解釈もあるから……ざっくり、地域資料が何かについてはわかったものの、何のために何からすればいいのかっていう根本的なことがわかってないから腑に落ちてないんだよね」と、ノートを閉じながら付け加える。

「いやいや、でも私は基礎から共有してもらって、本当に感謝してますよ」

「そんな、こちらこそ一緒に動いてくれてありがとうね」

美咲はペコッと控えめにお辞儀をする。時計の針は、十二時四十分をまわったところだ。まだ時間があることがわかると、美咲はまた少し深刻そうな表情に戻る。

「それで、この後って……どう行動に移せばいいんだろうね」

少しの沈黙が流れた後、由香が口を開く。

「……あの、思いつきなんですけど、蛭田さんに直接連絡とって相談してみるっていうのはどうです？」

「え、直接？」

「そうです。せっかく基本を勉強したんだし、この図書館として地域資料サービスにしっかり取り組むためのエッセンスを蛭田さんから聞きたいなぁって。それに、悩んでいるだけじゃ前に進まないじゃないですか」

開き直るように、椅子に深く腰をかけ直す由香を見て、美咲は「ふふ」と笑いながら返事をする。

「……そうだね。ノウハウがまだない私たちが考えていても、具体的なアイディアが浮かばないもんね」

「そうですよ。それに単純に、蛭田さんに会ってみたくて。これまでの取り組みとか、いろいろ聞きたいです！」

前向きな由香につられて、美咲も自然と笑顔になる。

「とはいっても、蛭田さんとはどこで連絡とれるんだろう……」

「そうですね。どこか窓口があるのかな」

そう返すと、由香はパソコンでリサーチをし始める。

「う〜ん、やっぱりホームページとかはなさそうですね。もう、小平の図書館に電話じゃないですか？」

「うん……たぶんそれしかないよね。よし、ものは試しだもんね」

美咲は自分に言い聞かせるようにつぶやいている。そして「じゃあ明日にでも、試しに電話してみるね」と力強く言い放った。由香はにっこり微笑み「ありがとうございます！」と返す。

時計を見ると、いつの間にか十二時五十七分になっていた。美咲と由香は筆記用具をしまいながら会議室を片付ける。


控えめに足音を響かせ事務室に戻ると、数日ぶりに小野寺さんが出勤していた。

「あっ」

美咲が小さくそう発すると由香も小野寺さんに気づき、二人で自然と駆け寄っていく。

「小野寺さん。お疲れさまです！」

「お疲れさま」

引き出しの資料をすべて机に出している小野寺さんを見て、美咲はようやくお別れの日が近いことを実感する。

「あ、それで地域資料サービスの引き継ぎ資料とか見てもらったかな？　蛭田さんの本読んでみた？　私は講演会に行ったことがあって、地域資料の道を極めて何十年って方だし、経験の量が桁違いっていうか。地域資料のことを調べたら必ず出てくるお名前、ってイメージで。覚えることが多くて申し訳ないけど、地域資料のことを学ぶならぜひ読んでみて」

小野寺さんは目を輝かせながらそう話す。

「はい！　引き継ぎ資料をいただいてから、私と由香ちゃんで勉強していて、知識はなんとなく得たものの、ここからどうすればいいんだろうと思っていたときに、由香ちゃんが『蛭田さんに直接アポをとって相談してみないか？』って」

「ふふ。面白いね由香ちゃんは。でも、それが本当にできたらこの図書館にとってもすごい財産になると思うよ。蛭田さんの話を直接聞けたら楽しいだろうなぁ。……もう連絡してみたの？」

「いや、これからです」

「そっか。そういうのすごくいいと思う。どんどん外に出て、いっぱい吸収してきてほしい」

「はい！　あと小野寺さんから引き継いだ本以外でも、蛭田さんの書籍も買いました！」

美咲が本を見せると小野寺さんも感嘆の声を上げる。ちょうど事務室の窓から、心地いい風が入ってくる。

「ひとまず今日は、退勤時間まではいるから、また何かあったら声かけてね。あと、本当に蛭田さんの件、応援してる。課長もきっと喜ぶと思うよ」

「ありがとうございます」

小野寺さんに背中を押された二人はますますやる気に満ち溢れ、軽い足取りで席に戻った。

蛭田さんへのコンタクト

翌日。この日はついに「防災の日」に向けた展示が開始される日だった。最寄駅から図書館へ向かう美咲は、ジリジリと照りつける日差しを少しでも軽減しようと、日傘を差している。

「美咲さ〜ん」

振り向くと、由香が小走りでこちらに向かってくるところだった。

「あ、由香ちゃんおはよう」

「おはようございます」

「朝から元気だねぇ……」

「はい〜！　実は朝イチでジムに行って軽く走ってきたんです」

「え、朝イチ？　今朝……ここに来る前に？」

由香は「へへ、そうです」と返しながら続ける。

「今日って、防災の展示が始まる日じゃないですか。それで、もともと早く出勤しようかなと思っていたんですけど、想定以上に早起きしちゃって」

「せっかくなら、ついでにジム行っちゃおうかな～ってこと？」

「そうです」

由香のバイタリティに驚きながら、二人は軽快に図書館の横の公園を抜ける。朝の公園は、散歩や運動をしている大人の姿が多い。

事務室に着き、さっそくいつものように開館準備を終えると、由香の姿が視界に入る。どうやら防災の展示企画の最終調整をしているようで、美咲もコーナーのほうに向かう。

美咲は、由香と一緒に「入ってきた人からすると、やっぱりこの角度のほうがいいのかな……」などと、入り口やカウンター側から歩いてシミュレーションしながら、見え方をチェックする。

「いよいよですねぇ」

最後は、完成したコーナーを眺めながら、達成感に浸っていた。

「あ、そろそろ時間だ」

美咲の声を合図に、二人はそれぞれの持ち場に戻る。

この日はカウンターで返却対応や常連さんへのレファレンスをしていると、いつの間にか午前中がほとんど終わっていた。時計の針は十一時五〇分を指している。

「はい。では恐れ入りますが、よろしくお願いいたします。はい、はい。……失礼いたします」

――ガチャ。

受話器を置いた美咲は、力が抜けたように椅子の背もたれに寄りかかる。そのまま深く深呼吸をしながら、しばらく正面の壁のあたりをぼんやり見ていた。

「美咲さん、ため息ですか?」

ちょうど用事を終えて、美咲の背後にある自席に着いた由香が声をかける。

「いやいや、そうじゃなくて。小平市中央図書館の方との電話がとりあえず終わってホッとしてたの。なんか、折り返して連絡してくださるみたい」

「あぁ、蛭田さんに一旦確認して……って感じなんですかね」

「そうみたいだよ。一応用件は伝えられたし、即お断りじゃないからよかった〜」

美咲はまだドキドキしていた。電話は未だに慣れないからと、伝えるべきことを箇条書きにしていたメモの一部が、手汗で少し波打っている。

「おお〜。ひとまずあとは待つのみですね」

由香はそう話しながら、お弁当が入った袋と、ペットボトルのお茶を持ち「あ、私、午後は事務室にいるんで、何かあったら呼びにいきますね」と言い放つ。お昼休憩へと消えていった由香を見送ると、美咲は事務仕事を再開する。午後に入ってからの美咲は落ち着かなかった。延滞本の確認をして、利用者に電話を何件かかけたり、書架整理をしたりとバタバタ動きながら、事務室で電話が鳴るたびにドキドキしていた。ちょうど利用者の波が途切れたため、キャレルの消毒をしに行こうと二階への階段に向かっているとき、後ろから呼び止められた。

「美咲さん〜」

由香が、笑顔で駆け寄ってくる。

「小平市の図書館の方から折り返しきましたよ！ 外線一番です」

美咲は「わ……ありがと」と小声ながらも力強く返し、足早に事務室に戻る。

「お電話代わりました。佐藤です」

ハキハキとした声で美咲は応対する。小平市中央図書館の方は、あれからすぐ蛭田さんに確認の連絡を入れてくれたようで、蛭田さんから前向きな返事をいただいたと報告してくれた。

「承知しました。では後ほど蛭田さんに連絡させていただきます。この度はお忙しい中ありがとうございました。いえ、こちらこそよろしくお願いいたします。……はい、では失礼いたします」

美咲は電話を切り、メモをしばらく見つめる。少し経ってから、後ろの席に座る由香に声をかける。

「由香ちゃん、さっきはありがとう。なんか、蛭田さんとのお話の機会、もらえるかもしれない……！」

「え～本当ですか！　やりましたね」

　由香は美咲の手を取り、喜びを表現するかのようにそのままブンブンと上下に弾ませる。

「今聞こえてきたんだけど、蛭田さんに時間がもらえそうなの？」

　ふと背後から課長が声をかけてきて、美咲は思わずのけ反る。

「課長、そうなんです。実はあれから、蛭田廣一さんの著書を読んだり、勉強を進めたりしていたんですけど、何から手をつければいいのかわからず……混乱してしまったので、石川さんと、蛭田さんは小平市中央図書館の館長もやられていた方なので、行けない距離じゃないから直接話を聞きに行ってしまおうか、と話していたんです」

「そうなんですよ。それで美咲さん、ちなみに小平の方はなんとおっしゃってたんですか？」

　由香は興味津々で尋ね、佐伯課長も期待に満ちた目をしている。

「図書館の方が蛭田さんと連絡をとってくださって、ＯＫとのことでした。詳細はメールでやりとりすることになって、ちょうどメールアドレスを教えていただいたところです」

「へぇ～。じゃあこっちからまた連絡する感じですね」

「うん。小平の方も、あとはそちらでやりとりしてくれれば、って優しく話してくださって。電話で見えないはずなのに何回もお辞儀しちゃった」

　笑顔の美咲を見て、由香の表情もますます明るくなる。

課長は、目をパチパチさせ、驚きと喜びが混じったような表情で「それはよかった」と返した。感慨深そうに、小さく「そうかそうか」と繰り返すと、美咲は控えめに続ける。

「なので、これから蛭田さんに改めてご連絡してみます。メールにｃｃつけて、課長にもわかるようにしておきますね。あと由香ちゃんも」

美咲が由香を見ると「はい！ありがとうございます」と元気な返事が返ってくる。

それから十五分ほどかけて、美咲はメールを作成した。今回の突然の連絡を詫びる言葉や、連絡した意図、どんなことに困っているのかを簡潔にまとめたつもりだ。パソコン画面との距離が自然と近くなるほど集中していた美咲は、書き終わった文章を三回ほど読み返しては微調整する。勇気を出して「送信」ボタンを押すと、達成感でいっぱいの気持ちで、溜まっていた返却本の排架業務に取りかかる。

美咲、蛭田さんとの約束をとりつける

二日間の休日を挟み、美咲はいつものように出勤した。パソコンでメールの確認をすると、三日前にメールを送ってから一時間半後、つまり美咲がちょうど退勤してすぐの時間に、蛭田さんから返事が来ていたようだった。急に緊張し始めた美咲は「ふ〜」と大きく息を吐き、意を決してメールを開く。

蛭田さんからのメールには、地域資料を勉強するために動いている美咲を労う言葉が書かれていた。そして、著書

を読んだことへのお礼や、せっかくなのでどこかで会って、まとまった話をしましょうという提案も記載されていた。

と、そこへ由香が出勤してきた。

「おはようございます」

相変わらずハツラツとした笑顔で、軽く会釈をしながら事務室のデスクをすり抜けていく。美咲はすかさず「由香ちゃんおはよう」と声をかける。

「あ、美咲さんおはようございます！今日は早いですね」

「そうそう、一本早い電車で来たの」

「そういうことか。は～、ここは涼しい～」

鞄からペットボトルを取り出した由香は、喉を鳴らしながらお茶を飲み始める。美咲はその様子を見守りながら
「あのね」と切り出した。

「こないだの蛭田さんの件なんだけど、今朝メール見たら返信が来てたの」

「お、さっそく来ましたか！どうでした？」

由香はペットボトルを机に置くと、身を乗り出す。

「お話しする機会はいただけるみたいで、本当にね、丁寧な返信が来ていて感激しちゃった」

美咲の表情は明るい。

「よかった～。って言っても、蛭田さんって忙しくないんですかね。こちらの予定は広めに提示して、返信待ったほ

うがいいのかなぁ」

「うん、そうかも。でもその前に、どこで会うのかと、外出の予定を入れてもいいか、その辺課長が来たら確認して、また返信しようかなって」

由香は「たしかに！」と相槌を打つ。

「たぶんあと十分ぐらいで来るだろうから、その後由香ちゃんと私の業務の予定を擦り合わせよっか」

「ぜひぜひ、お願いします」

二人は持ち場につき、今日も図書館の一日が始まる。

司書トレとの出会い

由香と会話をした二十分後、開館準備を終えた美咲は事務室に課長の姿を見た。誰かと電話をしているようで、やりとりが終わったところを見届けると、美咲は課長のほうに歩いていく。

「課長、おはようございます」

「おはよう」

「実は蛭田さんの件で、連絡がつきまして……」

美咲は佐伯課長に蛭田さんとのやりとりの概要を説明し、お話をするタイミングや場所について相談した。すると、しばらく美咲の話に耳を傾けていた課長が、こう切り出した。

「それなら、石川さんと一緒に小平市でも、蛭田さんが行きやすい場所でもいいから、業務時間内に行ってくるのがよさそうだね。予定を合わせたら、並行して話がしやすそうな喫茶店とかカフェを見繕ってご提案してみるとスムーズだと思うよ」

「いいんですか?」

「もちろん。二人の業務に役立つだろうし、図書館代表として行ってきてくれるわけなんだから。いっぱい吸収してきなさい」

「ありがとうございます。では、石川さんと予定を確認して、またご連絡してみます」

美咲は静かに、しかし弾むような足取りで席へと戻っていった。

その後、由香と予定を確認し、蛭田さんに場所・時間の提案をした。蛭田さんからは夕方前にはまた返信が来た。お会いするのは、二週間後の金曜日、午後二時、国分寺駅周辺となった。

さらに、メールの最後にはこんなアドバイスも書かれていた。

—せっかくの機会なので、私が「地域資料サービス」の基本について説明した、DBジャパンで提供している『司書トレ』の動画も見ておくといいかもしれません。念のため、こちらに記載しておきます。もしお時間があれば……。

『司書トレ』

・『地域資料サービスの基礎知識』
・『地域資料サービスの実践 前編』
・『地域資料サービスの実践 後編』―

「ＤＢジャパン……司書トレ……？」

　美咲はデスクでそうつぶやきながら、蛭田さんが示した『司書トレ』を検索した。たしかに蛭田さんは、地域資料サービスに関するさまざまな動画に出演しているようだった。

　さらにメールを読み進めると、

―ＤＢジャパンから、この司書トレのもとになっている、図書館の司書に必要なスキルが一覧になっている「スキル・カテゴリー構成図」も提供してもらったので、良ければ見てみてください―


と書かれている。美咲は、メールに添付されたファイルを開く。


　楕円の中に、たくさんのスキルが書かれていて、美咲は目を見張る。地域資料サービスの実践に関するスキルが記載されているのはもちろんのこと、学校図書館や公共図書館、全館種共通など館種ごとになっている。

（こうやって俯瞰的にスキルを見ると、できていないことが多いな……学び直したくなるな）などとぼんやり考えなが

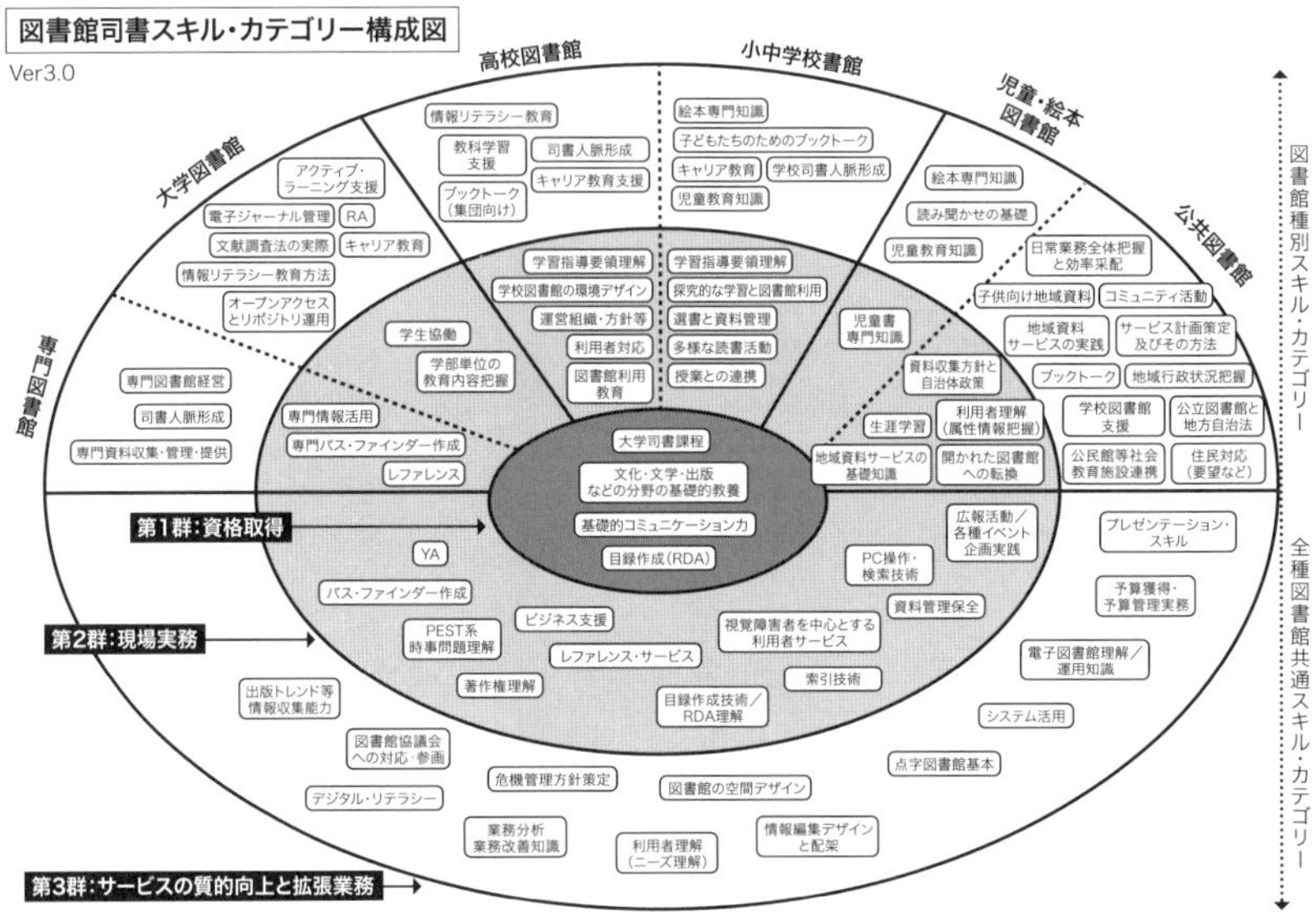

ら、ファイルを閉じた。

　美咲はその日の退勤時に、由香に司書トレのことを話した。

「今日の蛭田さんとのメールのやりとり、由香ちゃんも見てくれたと思うんだけど」

「はい！　再来週ですよね」

「うん、それで、最後に書いてあった『司書トレ』ってさ、知ってる？」

　由香は首を横に振り「いや、蛭田さんからのご連絡で初めて知りました」と話す。

「私も同じなんだけど、あれから少しだけ調べてみたら、『司書トレ』はまさに、司書の教育とかスキルアップに役立つシリーズみたいで、他にもレファレンスについて解説したものとか、電子ジャーナルをテーマにした動画もあってさ」

「へぇ～。いかにも私たちに役立ちそう」

「ね。まあ、まずは見てみないことにはわからないよね。じゃあお互い確認して勉強して疑問点とかまた擦り合わせしよう！」

美咲と由香は、そう意気込んだ。

蛭田さんの司書トレ

少しずつ秋の雰囲気が感じられるようになった、九月の昼下がり。この日も、二人だけの勉強会が開かれた。

「最近、少し風が心地いい日も増えてきてますよね。今日だって、さすがにカーディガン着ないと寒いですもん」

由香は会議室の椅子に寄りかかり、リラックスした状態でお弁当をつついている。

「本当だよね。蛭田さんとお会いする日も来週に迫ったし、体調崩さないように気をつけないと……」

そう話すと、美咲は食べかけのおにぎりを片手に、ノートを開く。それを見た由香はすかさず切り出す。

「それで今日はついに！『司書トレ』の共有ですね！あれから美咲さんが『司書トレ』の動画を見てるって話は聞いてましたけど」

待ってましたとばかりに、由香は小さく拍手する。

「ふふ、うん。蛭田さんにおすすめされた『地域資料サービスの基礎知識』『地域資料サービスの実践 前編』『地域資料

サービスの実践 後編』をひとまず選んで、寝る前に少し見たり、帰りの電車で見たり……」

「さっすが〜」

「いやいや。何も知らないから、とにかくいろいろと見ておいたほうがいいだろうなぁってだけだよ。でもね、見てみたら地域資料サービス初心者の私でも、動画の中で出てくるスライドを見ながらじっくり勉強できる感じだったよ」

「そうなんですね。ちなみに、これまでの私たちの勉強会で話していたことに、あんまり間違いはなさそうでした？」

美咲は「うん」と返すと、簡単に『司書トレ』を振り返る。

「この前さ、地域資料の種類を話したと思うんだけど、一般図書とか行政資料、地図、新聞記事、パンフレット、古文書とかももちろん書いてあったし……子ども向け資料っていうのも書いてあった」

「うちの図書館だと、国野市が登場する本を収集していたりして、そこに子ども向けの本も含まれているから、一応子ども向けの地域資料と言えるかもね」

地域資料の種類

- 一般図書
- 行政資料
  - 行政の組織
  - 行政計画、予算書・決算書、図書館基本計画、事業計画・事業概要など
- 地図
- 新聞記事の切り抜き
- 折り込み広告
- 写真
- パンフレット・ポスター
- 古文書
- 子ども向け資料
- 特別文庫・特別コレクション

美咲は、児童書コーナーにある、国野市のことが書かれている一角のことを思い出した。由香も「なるほど、たしかにありますよね」とうなずいている。

「あと、ちょっと違うかもしれないけど、そういえば小野寺さんが、国野市が舞台になっている絵本で読み聞かせ会をやっていたことがあるけど、あれも児童サービスだけでなくて地域資料サービスの一環なのかもね」

「たしかに。そのあと国野市に関するクイズ大会もやったりしていましたよね。子どもたちが自分の住んでいる地域に興味を持つきっかけになりそうですね」

由香は小野寺さんがやっていた読み聞かせ会のサポートもしていた。

「でも、他にどんなものがあるかは私も詳しくはわからないなぁ」

「この辺も蛭田さんに聞いてみてもいいかもしれないですね」

美咲は深くうなずきながら「そうだね」と返しつつ、説明の続きに戻る。

「そうそう、前読んだ本にも書いてあったけど、他にも地域資料には写真とかポスターも該当するんだってさ」

由香は、過去のメモを見返し「あ～本当だ。そういう話もありましたね」と相槌を打ちながらさらに続ける。

「でもこの写真とかって、どういうふうに使われるんですかね？写真を撮る意味とかも気になるし」

「言われてみれば……そこもスルーしてきてたね、私たち」

美咲は由香に指摘されてハッとする。

「そもそも写真は昔のものを集めているのか、これから撮るものを指しているのか……両方なんですかね？」

「うん……。どっちものような気はするけど……それも結局予想でしかないし。その意図はもちろんわからないよね」

「これも後で確認するために、メモしておきますね」

美咲の悩む姿を見て、由香がそう提案する。

「ありがとう～。本当に助かるよ」

美咲は手を合わせながら、申し訳なさそうにお礼を言う。由香がメモを終え、ペットボトルのお茶をひと口飲んだタイミングを見計らって、美咲は次の説明に移る。

「あと、地域資料サービスの担当になった人は、その地域の特性を詳しく知って、利用者にサービスを提供する役割を担う存在だから……いろんな知識が必要だってことも、蛭田さんが言ってた」

「いろんな知識……」

由香が首をかしげる。

「たとえば、地域の特性を詳しく知るっていっても、いっぱいあると思うんだけど」

「う～ん。歴史とかですよね？」

「歴史ももちろんそうみたい。あとはその地域の自然とか、交通、人物とか、いろいろあるんだって。歴史も含めて、幅広い種類がありますよって言ってたんだと思う。国野市の歴史について書かれた本はたしかに揃っているし、小野寺さんのメモにも『重要』って書いてあったけど……その他にもいっぱいあるんだね」

美咲は、小野寺さんから引き継いだ資料のことを思い出す。

地域資料サービスにかかわるうえで「知る」べき基礎知識

- 歴史を知る
- 地理を知る
- 人物を知る
- 民俗・宗教を知る
- 自然を知る
- 交通を知る
- 文学・芸術を知る

など

「へぇ〜……なんか、文化とか歴史を研究している人しか触れないジャンルだと思ってたけど、交通だったら電車、路線とか……もうちょっと私たちに身近な感じもするような」

「そういえば、また思い出したけど、小野寺さん、国野市のバスで、廃止になった路線についてレファレンスを受けてたけど、あれは、この資料にある『交通を知る』に該当しそうだよね」

美咲がそう投げかけると、由香も深くうなずく。

「たしかに」

「でもこれも、この知識を知るとレファレンスに役立つんだろうな……ぐらいのことはわかりますけど、他にどんないいことがあるんでしょうね」

「う〜ん。そうだね。どこでその知識が活かされるときがあるんだろう」

「それに、これをこれからどうやって身につけるんだ〜！　とも思いません？」

少し冗談っぽく、由香は混乱した様子を見せる。

「私もそれはすごく気になってる。これを学ぶにしても、膨大な時間がかかりそうじゃない？」

「そうですよ〜」

メモをしながら頬をふくらませる由香は、そのまま続ける。

「この辺も、実践編のひとつのノウハウとして、蛭田さんに何か聞けるのかなぁ」

「たしかに……というか、それしかないよね」

二人は目を合わせながら互いにコクコクとうなずくと、再びお弁当、おにぎりに手を伸ばす。

第3章

美咲、蛭田さんから地域資料サービスの考え方について学ぶ

蛭田さんとの対面

―それでは午後二時。国分寺駅の北口にある喫茶店でどうぞよろしくお願いいたします。予約は、私、佐藤の名前で入れております。当日、蛭田様にお会いできるのを楽しみにしております―

とうとう蛭田さんと会う日がやってきた。メールを改めて読み返し、時間や場所を再チェックした美咲は、少し早めの昼食をとっている。まるで試験前の追い込みのように、メモを読み返したり、『司書トレ』を見返したりと忙しなく動いている。緊張に加えて、慣れないジャケットを羽織っていることもあり、ますます肩が上がっているように見える。

由香は美咲とは対照的に、今朝「とうとうこの日が来ましたね。楽しみ～！」と心を躍らせていた。

十二時半を過ぎ、二人は出かける準備を始める。

「ひとまずこのメモと、筆記用具、パソコンとケーブル、あと念のためスマートフォンの充電器と……」と、美咲は指差し確認をしながら荷物チェックをする。

由香は、美咲の様子をしばらく見守ってから「よし、そろそろ出ますか！ 忘れ物はなさそうですかね」と気遣う。

美咲はゆっくりうなずき、二人は事務室の壁にある、ホワイトボードにそれぞれ「国分寺　蛭田様お打ち合わせ」と予定を記すと「行ってきま～す」と声を揃えて外に出る。

「次は、国分寺、国分寺です」

平日昼間の電車は空いていた。横並びで座りながら、蛭田さんと会ってから話すことを再確認していた二人は、ついにホームに降り立つ。

「あ〜久々の国分寺だ〜」

伸びをしながら由香は、気持ちよさそうにそう言い放つ。美咲は、改札に向かうためのエスカレーターに乗りながら、喫茶店までの道のりをスマートフォンで再チェックしている。

改札を抜けると、人の流れに従うように左手に歩みを進める。

「北口ってあんまり来たことないけど、こんなに開けたエリアなんですね」

「ね、バスロータリーとかもきれいだし。いつの間にこんなに新しくなったんだろう」と美咲も返す。

「あれ、そういえば、喫茶店の予約はちょっと早めに入れてるんでしたっけ？」

「うん、午後一時半とか、少し過ぎたあたりを目指しますって電話入れてる」

ロータリーを抜けた先の信号を渡りやや細い路地を曲がると、オレンジ色の看板と、レトロなランプが目に入る。

「あ、ここだ」と美咲はドアに手をかける。

――カラン。

店に入ると、黒のシャツとパンツ、紺色のエプロンをした店員さんが「いらっしゃいませ」と笑顔で出迎えてくれた。

美咲は姿勢を正し、「あの、午後一時半頃に向かうと連絡していました、佐藤です」と返す。

「佐藤様ですね、お待ちしておりました。こちらの席へどうぞ」

店員さんの後をついていくと、奥の、二、三段ほどの階段を上った先にある、ソファ席にたどり着いた。

「こちらメニュー表です。今、お水とおしぼりをお持ちしますね」

一礼して店員さんが去っていくと、店内をキョロキョロと見回していた由香が、声を弾ませながら「ここの席だけ秘密基地みたい！すごくいいですね」とはしゃぐ。

「人目をあんまり気にしないで話せそうで、いいよね」

美咲はメニューを見ながら、にこやかに返事をする。

「でも、美咲さんの席からだと、微妙に柱がかぶっていて見づらいと思うんで、蛭田さんにすぐ気づけるように、私が特に入り口のあたりを注意して見ておきますね」

「ありがとう。っていっても、時間的に早いしさすがにまだ来ないいんじゃないかな」

談笑しながら、二人はメニュー表を覗き込む。先ほどの店員さんが「失礼します」とまた一礼して水を置き、おしぼりを丁寧に手渡ししてきた流れで、二人はアイスコーヒーを注文した。

「ていうか美咲さんって、このお店に来たことあるんですか?」

パソコンを開いたり、ノートをテーブルに出したりしながら、美咲は「あ〜そうそう」と返す。

「大学時代の友達がこの辺に住んでたから、ランチでここに連れてきてもらったことがあったんだ。そのときはあっちの窓側の席に座ったんだけど……トイレ行くときに、この秘密基地の席を知って、面白い造りだな～って思った記憶がある」

「なるほど」

由香は、美咲がちょうど指差した窓側の席に目を向ける。店内には、その席に座っている女性二人組と、美咲たちしかいない。うっすらと流れるクラシックも心地いい。

二人はそのまま大学時代の話へとシフトし、蛭田さんが来る時間を待っていた。

待ち合わせの時間が近づいてきた。美咲がスマートフォンをちらりと見ると、待受画面には午後一時五十八分と表示されている。二人は入り口のほうを気にしながら、静かに座っている。しばらくすると、ドアの曇りガラスに人影が映る。ゆっくりドアが開くと、背の高い男性が、店内を見渡している。

由香がそれに気づき「あ」と声を漏らすと、美咲はすかさず立ち上がる。階段を下りて立ち止まり、深くお辞儀をした後「あの、佐藤です」と話しかける。

「ああ、佐藤さん。蛭田です。こんにちは」

蛭田さんは柔らかな表情でそう返すと、席へと歩みを進める。蛭田さんが席に着いたことを確認すると、美咲は深々と頭を下げる。

「改めて、初めまして。国野市立中央図書館に勤めています、佐藤美咲と申します。この度はお忙しい中、そして急なご連絡にもかかわらずありがとうございます……！　そしてこちらが……」

美咲が、由香のほうに手を向けると「初めまして、佐藤美咲さんと一緒に働いております、石川由香です」と一礼する。

「私は佐藤さんのサブとして地域資料を担当し、お手伝いしております」

「そうなんですね。お二人とも、よろしくお願いします」

蛭田さんはにこやかにそう返すと、受け取った名刺を確認しながら、ゆっくりと着席する。そんな蛭田さんの温かな対応に恐縮しながら、二人も着席した。それと同時に、美咲はメニュー表を蛭田さんのほうに向ける。

「先にすみません、注文だけ。蛭田さん、何飲まれますか？」

「ええと」としばらくページをめくりながら考えていた蛭田さんは、「ホットコーヒーにします」と返した。

すぐに由香が店員さんに合図をし、蛭田さんのコーヒーを注文する。その間に、美咲は今回連絡をとった経緯を話し始める。

「メールでもお伝えしていたので、重複してしまいますが、私たちの勤めている図書館で地域資料の担当だった前任者が退職することになりました。急遽私が後任になりまして、地域資料サービスを始めるための心構えや、まずはどんなところから進めていけばいいのかわからず、蛭田さんにアドバイスをいただきたく連絡させていただきました。私がこれまで勉強したことも報告しつつ、改めて蛭田さんに詳しく話を伺いたいと思っております」

「そうでしたか。ぜひ、よろしくお願いします」

蛭田さんの返事を合図に、美咲は準備していたノートを開きつつ「あ、すみません。記録のために録音させてください」と断りを入れる。蛭田さんは快く「どうぞ」と返し、美咲は深く頭を下げながらスマートフォンの録音アプリを起動させる。

「ではすみません。まず、地域資料とは、というところから確認や質問をさせてください。私たちは恥ずかしながら知識が浅く、最初に地域資料の定義から学び始めまして……蛭田さんの著書と、あと教えていただいた『司書トレ』も拝見したんですが、その地域を把握するためのすべての資料のことを地域資料という、といった表現があったと思いますが」

蛭田さんは、本当に美咲が『司書トレ』を見たことに感心して、目を丸くしている。そしてにっこり微笑むと「見ていただいてありがとうございます。そうですね、そういう表現をしていますね」と返す。

地域資料の定義

地域資料とは…

「当該地域を総合的かつ相対的に把握するための資料群で、地域に関する全ての資料及び地域で発生する全ての資料」。

参考：三多摩郷土資料研究会編『地域資料入門』日本図書館協会　1999

「それで、まず蛭田さんがこの定義にたどり着くまでに、どんな過程があったのか少し気になりまして……」

美咲がそこまで話すと、蛭田さんが説明を始める。

「実は、二十年以上前の一九九九年に、私が携わっていた三多摩郷土資料研究会(東京都西部エリアの公立図書館における地域資料業務の発展や向上を目指し、実践に根ざした報告・研究・議論などを行う団体)で『地域資料入門』という本を出版することになったんですが、そのときに定義をしっかり決めよう、となったんです」

・『地域資料入門』/三多摩郷土資料研究会編/(日本図書館協会)

「やはり、定義を決めないことには、始まらない。いろんなズレが生じてしまいますからね」

真剣に話を聞く美咲の横で、由香はひと言も漏らすまいとパソコンでメモをとっている。

「そのときに結成したチームで、二年ほどかけて議論しながらたどり着いたのが、今も使っている定義です」

「そうだったんですね。同じ地域資料を担当し、経験と蓄積のある方々と一緒に作り上げたということですよね」

「そうです。メンバーを募ってこの本のための編集委員会を立ち上げて、定期的に集まって研究し議論しましたよ」

(私たちが当たり前に本や『司書トレ』から知識を増やしていけた裏には、蛭田さんたちの積み重ねがあったんだ……)

美咲は、蛭田さんが「地域資料サービス」に力を注いできた歴史の長さを改めて実感した。そして興味津々な様子で蛭田さんを見つめていた由香が「ちなみに研究や議論って、どんな活動をしていたんでしょう?」と掘り下げる。美咲も続けて「たしかに……。私たちは知識がないばかりに、そこでどんなことがあったのか、あまり想像できなくて恐縮ですが……」とフォローする。

蛭田さんは「もちろん」と快諾し、続ける。

「定期的に集まって研修会を開いていまして。先行論文を見たり、これまで研究を重ねてきたテーマについて議論したり、その根拠となる資料を示してまた議論したり……。私たちは何年もかけて多摩地域の図書館をひととおり見学し、各図書館の地域資料サービスがどうなっているのかも長年見てきました」

美咲は、地域資料にかかわってきた蛭田さんの活動に圧倒されるように、やや体をのけ反らせて感嘆する。由香はメモをとりながら「そっか、議論とかだけじゃなくて、実際に足を運んだりもして……本当に長い年月と労力を積み重ねているんですね」とコメントする。

「そうですね。各図書館の書架構成がどうなっているのか、どんな資料を集めているのかも長年の研究会活動で経験的に知っていましたし……。何よりも重要なのは私たち図書館現場の担当者だけでなく、地域資料研究の第一人者である大学教授にも協力してもらえたことが最大の成果でした。しかも、毎回参加してくださった。本当にいろんな方の協力のおかげで、こだわりながら定義を見出せたと思います。当時のことは今思い出しても、なんだか感慨深いものがありますね」

遠くのほうを見て、当時に想いを馳せていた蛭田さんはふと思い出したように「そういえばこの定義を文章として表すとき、『てにをは』まで細かく話し合って決めたんですよ」と笑いながら明かした。

「『てにをは』までですか！　推敲に推敲を重ねて、こだわられたんですね」

　由香は体を乗り出しながら、そう反応した。

「やっぱり、多種多様な資料が地域資料に含まれるので、全員が納得できるものにしたかったんですよね」

「なるほど……。時代の変化によって蔵書構成やコレクションが多様化すると、状況が変わるたびに定義を考え直す必要があるから、ということでしょうか？」

「そうですね。音声資料がより増えていったり、インターネットから派生した新たなコンテンツが生まれたり、時代によって地域資料として取り扱う資料も変化しますが、その資料群を規定する言葉が適切でないと、定義にはならないと思います」

　二人はそう話す蛭田さんを、キラキラとした目で見つめている。

「他にもこの定義に出てくる『相対的』に、というのにもちゃんと意味がありまして」

「そうなんですね」

「その地域について書かれた資料や情報だけでは明確に理解できないことでも、他の地域と見比べることでわかることもある。だから近隣の市町村や、広域自治体……たとえば東京都の資料も集めて相対的に比較する資料が必要である、という意味合いで『相対的に』という言葉があるんです」

「え、そうなると」

　由香が何かに気づいたように、蛭田さんに投げかける。

『総合的に』という言葉も、何か意味があるということでしょうか？」

蛭田さんはゆっくりうなずき「まさにそうです」と返すと、さらに続ける。

「地域資料は収集する地域が限定されますが、分類や主題は網羅すべきである、とも捉えているので『総合的』という言葉も入れているんです」

美咲は、「すごく納得いたしました。対象とする地域を自館の自治体のみに限定せずに、ある程度広い視野で見る必要があるんですね」と蛭田さんをまっすぐ見ながらうなずく。

「そうなんです。対象地域を絞りすぎると、その地域のみの視点でしか資料が提供されず、利用者のニーズに十分に応えられない恐れがあります。より広い視野で地域を捉えることで、多様な情報や視点を提供し、利用者の興味や調査の幅を広げることができます。この定義に、いろいろ込めていることが少しでもわかっていただけましたか？」

蛭田さんは二人の顔を交互に見ながら、丁寧に確認する。二人が勢いよく首を縦に振ると、蛭田さんはにこやかな表情を浮かべる。

そして美咲が「すごい。本当にすべての言葉にちゃんと意味とか意図が込められているんですね」と相槌を打った後、由香も口を開く。

「実は二人で話していたときは、定義を読んでみても、意味がわかるようなわからないような……という感じで、そのままになっていたんですよね。やっぱり広い意味ですし、自分たちも知識がないばかりに、ちゃんと定義を理解できているのかすらわからない状態でして。でも今蛭田さんのご説明で経緯や意図がわかったことで、理解が深まりました！」

感謝の意味を込めて、二人は蛭田さんにお辞儀をする。蛭田さんと美咲は、ちょうど同じタイミングでコーヒーに手を伸ばした。

地域資料サービスにおける心構えとは？

美咲はアイスコーヒーをひと口飲みグラスを手元に置くと、次の話題に入る。「ありがとうございます、地域資料の定義についての理解が深まりました。そうなると……まずは、やはり、地域資料サービスを充実させるためには、地域について知ることが心構えとして重要なのでしょうか？」

「そうですね。『司書トレ』でも、地域資料サービスを担当する人の仕事は、地域資料を活かして情報発信することや、利用者の知的欲求や課題解決をサポートすることだと話していたと思います」

美咲は、以前司書トレで学んだことをメモしたところを探しながら、蛭田さんに反応する。

**地域資料サービスの担当者は
地域の歴史や文化を知っておく必要がある**

なぜなら地域資料サービスとは…

「地域で発生するすべての資料および地域に関するすべての資料を収集・組織化し利用に供するとともに、収集した資料を活かして情報発信し、利用者の知的欲求の追求と課題解決を支援する仕事」だから。

「たしかに、そういった説明がありましたね。私たちは地域のことを知って、その知識をもって利用者に対応する必要がある。ということは私もわかったのですが、そのためにはやはり、開架にある、あらゆる種類の資料を読み込んだほうがいいということですよね。蛭田さんは、地域資料サービスに着手する際、どんな勉強をしたのでしょうか?」

「実は私は学生時代に歴史学や古文書学を専攻していたので、地域資料サービスに携わることになっても、当時の延長のようなイメージで自然といろんなことに着手できたんですよ」

「そうだったんですね」

「さらに、先ほどもお話した三多摩郷土資料研究会や、地域資料サービスの充実化に注力している日本図書館協会の『資料保存委員会』のメンバーとして活動もしていたので、そこで多くの有志の方と交流しながら知識を深めることもできたので、ちょっと特殊かもしれませんね」

そう話しながら、蛭田さんは朗らかな表情を浮かべる。

「そういう経緯があったんですね！　私たちはそういった活動もしていませんし、やはり今後もいろんな地域資料を読み込んだり、蛭田さんの『司書トレ』を見返したりして、少しずつ知識を深めていこうと思います」

美咲がそう意気込んでいると、蛭田さんはあごに手を当て、少し考えてからこう提案する。

「たしかに本ももちろんいいですが、地域資料サービスは、最終的には利用者に届けることが大事ですよね。となると、その利用者を見て、彼らが何を望んで、どんなことを知りたがっているかを把握しながら、一緒に知識を身につけていくこともひとつの手だと思いますよ」

美咲は「利用者を見る、利用者と一緒に知識をつけていく……とは、どういうことでしょうか？」と問いかける。由香も隣で、蛭田さんの目をまっすぐ見つめている。

「私は、利用者ほど図書館を使いこなしている人はいないと思うんです。というのも、だいぶ昔ですが、小平市中央図書館に度々、とある記者さんが来られていたんですよ。その方のレファレンスを何度か受ける中で交流も深まりまして、来るたびに彼も、小平市の地域に関する情報を持ってきてくれる。立ち話でいろんな情報交換をしていたんです」

蛭田さんは瞳を輝かせながら、当時のことを振り返る。

「そういったコミュニケーションの中で、小平市のことをより深く知ることができました。話の中で生まれた疑問や、その方が知りたがっていることに応えるためにまた勉強したり、調べたりして詳しくなるんですね。もちろん他にも、いろんな利用者の方々に成長させてもらった経緯があったので、ご提案してみました」

「なるほど、そういう意味で、利用者に目を向けるということですね。利用者が自館に求めている地域資料を知るためには、どうすればいいのでしょうか。単純に多く質問されたものを集める……ということなのでしょうか。地域資料サービスの一環であるイベントから吸い上げる方法などもあると思いますが」

「そうですね。もちろん多く質問、つまりレファレンスを受けているものはもちろんですが、図書館員は日常的にカウンターで利用者に対応することで、どのような資料が利用されているのか、どのような予約（リクエスト）があったのかをリサーチする必要があります」

美咲は「利用・予約という観点でどのような資料に需要があるのか……という点は抜け落ちていました」とメモを取りながら、うなずく。

「それだけではなく、逆にどのような利用に応えきれなかったのか、という点も非常に重要です。おそらくお二人の図書館でも、予約やレファレンスに応えきれなかったことがあると思います」

由香はふと、「そういえば以前、地域資料の前任者が、利用者が見たいと言っていた資料が、国野市にはないから都立図書館に……という案内をしていたことがありますが、そういった状況のことでしょうか。あと、地域資料ではないですが最新のビジネス書なども数年前までは利用者の需要に応えきれなかった、と聞いたことがあります。今は少しずつ、最新のものも早めに所蔵するようになっていますが」と蛭田さんに話す。

「まさにそういった体験によって、利用の多い分野、つまり利用者が求めていること、さらには自館が対策をとるべき分野までわかりますよね。そうすると次は、需要が多い分野の新しい本を集めたり、周辺図書館の所蔵調査をしたり出版物の調査をしたりして、対応できるように改善していける。そういった業務を日常的に進めていくべきではないか、と私は考えています」

美咲は、熱心にメモをとる由香の横で深く納得し、「将来的にはそのレベルまで進められるよう頑張ります」とつぶやく。

「……そういえば私は以前、地域資料に関するレファレンスを受けたことがあったのですが、そのときはしどろもどろで、すぐに前任の先輩にバトンタッチしてしまったんです」

美咲は遠くのほうを見ながら、小野寺さんに助けてもらったときのことを思い返す。

「専門的なことや、具体的な地名を交えて急に質問をいただくと、慣れない間はスムーズに対応できないですよね」

蛭田さんは当時の美咲に共感しながら優しくフォローすると、さらに話を続ける。

「でも、そういう積み重ねで、お二人なら少しずつ成長していけると思います。あと、それを皆さんが自発的に実践する方法として、これまでのレファレンスの内容を洗い出してみるものいいかもしれませんよ。また、利用者アンケートも有効な手段です」

蛭田さんの提案に、美咲と由香はハッとした。利用者を知る基本的な情報源であるレファレンス事例について（今までどうしてその発想が浮かばなかったんだろう）と美咲は思いながらも、今後の具体的なステップが見えてきて、やる気がますますみなぎってきた。

「蛭田さん、ありがとうございます！本当ですね、レファレンスなんて、知識の宝庫ですよね。国野市に関するレファレンスを一つひとつ調べて、私たちなりに進めてみます」

美咲がそう返すと、由香も身を乗り出すようにして「蛭田さん、レファレンスは私にとっても目から鱗でした。さっそく明日から時間を見つけて調べてみます！」と話し、深々と頭を下げる。

「ははは、それはよかったです。コアなレファレンス事例がたくさん眠っていると思いますし、それこそ子ども向けのサービスを考えるヒントも得られるはずです」

「ありがとうございます。あと、根本的な質問になってしまうかと思いますが、やはりその地域によって、収集する地域資料は変わってきたりするのでしょうか？」

「そうですね、地域によって、図書館で地域資料として集めたほうがいいものは異なります」

「そうなんですね……？ それは、地域によって歴史や自然などがいろいろ違うからですか？」

美咲は、蛭田さんの発言を理解しようと真剣に耳を傾けている。

「そういう側面もあるでしょうが、その地域の図書館が担う役割、そして利用者の方々が図書館に期待していることが違うからでもあります」

美咲の横で、由香も疑問を抱えたような表情をしている。

「お二人にしてほしいのは、どういう経緯で国野市立中央図書館ができて、地域の皆さんにどんなサービスを提供する存在として機能しているのか……。改めて理解する機会をつくってみることです。そうすると、地域資料として特に優先的に取り組むべきこと、利用者のためになる活動とは何かが見えてくるはずです」

「自館の役割を知る行動ですか……？」

美咲はわかったようなわからないような表情で、蛭田さんを見つめる。

「そうです。思いつきで事業に着手したものの『実は利用者が求めていないことだった』と後で気づくような事態は避けるべきです」

二人は蛭田さんに深く同意するように、首をコクコクと縦に振る。そして由香がおもむろにつぶやく。

「でも、自館ができた経緯とか役割とか、どうやって知ればいいのでしょうか……」

「一番わかりやすいのは、事業概要や事務手引きなどの冊子を見ることではないでしょうか。小平市では『小平市立図書館30年のあゆみ』という冊子を発行しています。そこには、図書館設立の簡単な経緯や、事業展開なども載っています。図書館活動全体をまとめていますので、各図書館の役割や関係も把握できて、すごく便利なんですよ」

「事業概要や図書館史……。うちの図書館にも、名称は違うけど、そういう情報が載っている冊子があるような気がします」

美咲は記憶を手繰り寄せながらそうコメントする。由香も、天井のほうに視線を送りながら記憶をたどる。

蛭田さんは二人の様子を見ながら、ひと呼吸おくとさらに続ける。

「さらに、事業概要にはこれまで進めてきた事業やサービスの概要、蔵書などのデータも詳しく書いてあります。あ、小平市の場合は二〇〇五年以降の事業概要をホームページで公開して、誰でも見られるようにしています。もしお二人の図書館にもそういうものがあれば、ぜひ読んでみてほしいです」

蛭田さんは美咲と由香の顔を交互に見る。少しの沈黙の後、美咲が口を開く。

「なるほど……。なんか、国野市に来て最初の頃は、そういう事業概要がわかるような冊子を見せてもらったと思うんですよね」

由香もようやく少しずつ思い出したようで「うん。読んだけど、難しい内容に思えて、当時は文字を追うのに必死だった記憶があります。恥ずかしながら、ちゃんと腑に落ちた感覚はなかったような……」と打ち明ける。

「それでは、改めて自館のことを知るいい機会になりそうですね。おそらく今回のように、地域資料サービスを考えるために……という目的をもって概要を読むと、過去に見たときとは違った理解ができると思いますよ」

蛭田さんはポジティブな言葉で、二人を優しくフォローした。

「蛭田さん、本当に基本的なところから教えていただきありがとうございます」

「いえ、誰でも初めてのときは何をすればいいのかわからないのは当たり前だと思います。こうやって一つひとつ積み重ねて行こうとしているお二人は素晴らしいと思いますよ」

二人は恐縮する。

「あ、あと補足ですが、図書館によっては定期的に事業概要などの資料を作っていないケースもあるんですよ」

「そうなんですか？　そうなると、どうやって情報を把握すればいいんでしょう」

美咲はメモをとる手を一旦止め、蛭田さんに投げかける。

「おそらくそういった図書館でも、三十周年、四十周年などの周年記念のタイミングで『図書館史』のようなものを発行していると思います」

「先ほど紹介していただいた『小平市立図書館30年のあゆみ』のようなものですね」

「あとは、『事務手引き』『業務マニュアル』という資料からもさまざまな情報が読み取れますよ」

美咲はうなずきながら、蛭田さんに反応する。

「そっか……何かしら図書館の役割や概要がわかるものはあるってことですね」

「少人数で運営しているところは難しいかもしれませんが、多くの図書館には何かしら参考になるものがあると思います」

　すると由香が質問する。

「ちなみに……他に図書館の概要や歴史を知る方法ってあるんでしょうか？　おそらく私たちの図書館にはいくつか資料があったとは思うんですけど、他のアプローチもあるのかなと単純に気になってしまいました……！」

「そうですね。館長や長年その図書館に勤めている人など、図書館の変遷を直に見てきた人に話を聞くのもいいと思いますよ」

「ありがとうございます。私たちがいかに基本をまだ把握していなかったかが認識できました」

　美咲がそう返すと、由香も続ける。

「本当、目から鱗でした。私たちなりにいろいろ勉強していたので、おおよそ理解できていたつもりになっていたみたいですね。しかも、はやく何かやらなきゃという焦りもあって……」

　蛭田さんは、美咲と由香に温かな眼差しを向ける。

地域資料の種類とは

「あと、地域資料の種類についても予習してきましたので、お話を伺えますと幸いです」

　由香が自然と話題を広げ、美咲もそれに続く。

「蛭田さんの『司書トレ』でも詳しくまとめられていましたが、一般図書や行政資料、地図、新聞切り抜きなど……いろいろ紹介されていましたよね。その中で子ども向け地域資料というものに関して、私たちの図書館だと、国野市が登場する絵本の読み聞かせをしていたりしますが、それも地域資料サービスに該当するのでしょうか」

「そうですね。まず子ども向け地域資料サービスとは、地域の歴史や文化に関する資料を収集し、子どもたちが楽しみながら学べるようにすることでしょうか。また、それには地域の地図や写真、昔の風景などを掲載した絵本や図鑑も役立ちます。さらに、地域の特色や名所をテーマにした展示会を企画し、子どもたちが地域を学べるようなイベントもありますよ」

美咲は、事前に由香と話していた疑問を蛭田さんの説明で理解を深めることができて、満面の笑みを浮かべる。

「そうですね」

「あとは、今まで『行政資料』というものを、あまり意識して見たことがなくて……でも、少し前に日之坂市の中央図書館に行ったことがあったんですが」

「ああ、あそこも地域資料に力を入れているところですよね」

美咲の話に関心を示すかのように、蛭田さんは力強くコメントした。

「そうなんです。だからこそ見に行こうかなと、まぁ石川さんがその前に有東区の図書館に行ったという話をしていて、それに刺激を受けたからなんですが……」

「お二人とも熱心なんですね。こういう姿勢で地域資料に携わっている方がいるとは、力強いです」

地域資料サービスにかかわるうえで「知る」べき基礎知識

- 歴史を知る
- 地理を知る
- 人物を知る
- 民俗・宗教を知る
- 自然を知る
- 交通を知る
- 文学・芸術を知る

など

そう労いの言葉をかける蛭田さんに、二人は恐縮する。

「いえ、あの、こちらこそお話しの機会をいただいて、いろいろお答えいただき本当にありがとうございます。それで日之坂市の図書館の地域資料コーナーを見ていたら、外国人の生活を支えるための方針をまとめた書類がファイリングされていたりして。海外の方が多いエリアならではだなと、私たちが勤める国野市とは違った特色があるのも、なんだか面白かったです。私たちの図書館だと、家族世帯……子育て世代や高齢者向けの計画が多いので、本当に全然違うんですよね」

美咲の話の流れで、由香も報告をする。

「あとは私が行った有東区の図書館だと、新幹線誘致のための計画書などがあり、あれも行政資料ということですよね。今では当たり前に栄えているあの駅周辺も、いろんな歴史を経て開けていったんだなぁと、多くの人たちの努力の積み重ねが見えた感じがしました」

「そんなところまで見てきたんですね」

蛭田さんの嬉しそうな反応を見て、由香はさらに続ける。

「蛭田さんの『司書トレ』の中でも、地域資料に関する基礎知識には、

地域資料の種類

- 一般図書
- 行政資料
  - 一行政の組織
  - 一行政計画、予算書・決算書、図書館基本計画、事業計画・事業概要など
- 地図
- 新聞記事の切り抜き
- 折り込み広告
- 写真
- パンフレット・ポスター
- 古文書
- 子ども向け資料
- 特別文庫・特別コレクション

歴史だけじゃなく『交通を知る』という項目も入っていたんですが、まさに私が有東区で見た資料は、交通を知るひとつの手がかりなのかなと、ふと思いました」

「そうですね。交通と歴史も知ることができる、大事な資料だと思います」

穏やかにそう返答すると、蛭田さんは「行政資料については補足がありまして」と前置きをしてからさらに説明を続ける。

「行政資料には、たとえば法律・条例・規則集や事業報告書などの各行政の組織が出している資料があれば、行政の計画に係るさまざまな資料も含まれています。お二人が特に気になって読んだものは、おそらく後者の行政計画に関する資料なのでしょうね。いろんな行政資料を読んでいただくことで、まさにその地域の概要や特徴がよくわかるので、ぜひお二人の図書館のものも改めて読んでみると面白いと思いますよ」

二人は蛭田さんの言葉をしっかりと受け止める。

「ありがとうございます。たしかに自館の資料もまだまだじっくりは読めていないので、後で必ず目を通しておきます。ところで、この地域資料の種類の中に、地域の企業の話が入っていないのですが、たしか地元企業の社史や企業史が私たちの図書館にもいくつか入っていたと記憶しています。地域の企業のことを知るのも重要なことなのでしょうか」

蛭田さんは「そんなところにも興味を持っていらっしゃるとは」と嬉しそうに反応する。

「おっしゃるとおり、企業を知ることも大切です。その地域の財政や、市民活動、大きな工場などがあれば公害問題などが起こることもありますよね。小平市でも、大きな企業ができたことで財政が潤ったり、住宅が増えて交通機関が整備されたりと、多くの変化がありました。企業の動きは、市民生活にも直結しているんです。また、地域について書かれていないものでも、その地域で生まれたものは地域資料と解釈しています」

美咲は「地域の企業の存在が、街の変化にそんなにも関係しているとは……」と相槌を打つ。すると、隣で由香が首をかしげながらおもむろに口を開く。

「あの、地域によっては大企業というよりは地元に根ざした昔ながらの会社や、一次産業が盛んな場所もあると思いますが……その場合でも、変わらず大事という認識で合っていますか？」

「そうですね。たとえば農業が盛んな地域の農協で事業概要や社史を発行していれば、そこから、地域がどのように変化し、そして時代によってどのような農作物が作られ、地域が発展したのかがわかります」

「なるほど」

「それに、面白いことに、地域によっては図書館と農家さんが連携して、街を盛り上げながら地域資料サービスを充実させているケースもあるんですよ」

二人は前屈みになりながら「そうなんですか？ どういった活動なんでしょう？」と興味津々で蛭田さんを見つめる。

「たとえば図書館の隣に直売所を設置し、地元の農家さんが作ったものを販売する。それで、野菜や果物の横に、その食材を使ったレシピをポップとして紹介するんです」

美咲は（よく行くスーパーでも、そういうポップはよく見るけど……）と思いながら、次の説明に集中する。

「ちなみにそのポップに書かれたレシピは、隣の図書館に所蔵されている本に載っている。図書館に行くと、直売所で紹介されていた本が展示してある。という、直売所と図書館が滑らかに連携している様子がわかりますよね。このように、企業というかたちではなくとも、地域のことを知って、さまざまな機関や団体と連携していくことで、画期的な地域資料サービスができたり、街づくりのようなものにまでかかわれたりするんです」

美咲は瞳を輝かせながら「ありがとうございます。企業を知る大切さだけでなく、地域資料サービスの幅広さにも触れられたような気がします」と、深々と頭を下げる。隣で由香も、同意するかのようにお辞儀をする。

「あの……また話を戻してしまうんですが有東区の図書館を見学した際に、地域資料の種類という観点で気づいた話などお話してもいいですか？」

由香は嬉しそうに投げかける。

「ぜひぜひ。たしかあそこは常設コーナーもありますよね。そこも見られましたか？」

蛭田さんはここでも快く受け入れ、話を広げてくれた。

「はい、もちろん見ました！　たしか、有東区出身の小説家の方だったと思うのですが、その方の半生や、その土地のどんなスポットが実際の小説で描かれているのかを紹介するような説明もあったりして……あまり詳しくない私でも楽しめました。その人が執筆した小説もいっぱいあり……とにかくボリューム満点のコーナーだったんです！　あのコーナー自体も地域資料という解釈なのでしょうか」

由香は深く理解しようと、前傾姿勢で蛭田さんに尋ねる。

「そうですね。それは地域資料の種類でいう『特別文庫・特別コレクション』というところに該当すると思います。その地域で生まれ育った方、ゆかりのある方の業績や作品を広く伝えるために、そういうコーナーが設置されたのでしょうね」

由香は、自分の体験と蛭田さんの解説がようやく結びついたような感覚になり、目を輝かせながらうなずいている。

「ありがとうございます。その他に別のエリアには企画展示があったんです。私が行ったときは、その地域に昔あった関所の紹介や、それに付随する橋の写真が壁一面に貼ってあり、横には説明も書いてあって。それを一つひとつ眺めていたら、コーナーの端のほうに、壁掛けのカード入れみたいなものがあったんですよ」

由香の話に、美咲も意識を集中させている。

「見てみたら、紹介されていた橋がカードになったものが、そこの壁掛けに入っていたんです。さらに『二枚までならご自由にお持ちください』と書いてあったので今日も持ってきたんですが」

由香は、名刺入れからそのカードを二枚取り出し、テーブルに並べる。隣で美咲は、前傾姿勢になってそれを覗き込んでいる。

「それで、これも地域資料ってことなんだろうなと、さっきの定義からするとそう思えるような気がするんですが、私の解釈って合ってますか？」

しばらく黙って由香の話を聞いていた蛭田さんが、口を開く。

「もちろんです。このカードによって有東区の橋について把握できるわけですから、立派な地域資料です。ただ、ここまでのものを作る図書館は少ないと思いますが、博物館では解説シートを作っています。図書館でも絵葉書や写真のポストカードを作成している事例はあります。ここの館長さんは地域資料に明るい方なので、こういう活動までできていると思います」

「小平市中央図書館では、地域が写っている昔の写真を集めて、それと同じ場所で定点撮影をして記録していく活動をしていますが、それをカードにするか他の方法でまとめるか……資料の提供方法の違いですよね」

「あ〜、そうか。言われてみればそうですね」

「有東区の場合は記録をカードにしていますが、小平では広く見ていただけるように、デジタルアーカイブ、つまりはホームページで見られるような仕組みを作っています。やっていることは同じですが、何の情報を集めるか、どのような形で提供するかは図書館によって違います」

（さっきも話に出てきたから重要だな）と、美咲は、手元のノートに『図書館によって、集める情報や提供方法も異なる』とメモをしながらハッとする。

「蛭田さん。ご著書の『地域資料のアーカイブ戦略』でも事例のご紹介をされていましたが、デジタルアーカイブについても、その図書館によってどの資料を優先的にデジタル化するかや、そのデジタル化する対象についても異なったりするものなのでしょうか。その基本の考え方について教えていただけますか」

「おお、それはいい質問ですね」

　蛭田さんは目を細め、美咲に笑いかける。

「もちろんデジタル化する資料の優先度はあります。特に資料価値・需要・希少価値及び独自性の高いものは優先度が高いと言えますね」

「他の図書館にないような珍しい資料や、他の図書館では閲覧が難しいような貴重な資料ですね。そして需要というと……利用者の皆さんから予約の多いようなもの、ということでしょうか」

「予約数もひとつの要素ですが、需要というものは、現在だけでなく、過去、現在、未来、そして保存性も含めて予想するものだと思います」

　美咲と由香の、首を傾けながら顔を見合わせる姿を見て、蛭田さんはさらに詳しく解説する。

「歴史学なども、過去に起きたことを資料や記録から探して、法則などを見出して将来を予測する。地震も、発生した記録や年表を見ながら、傾向や発生周期を考察し『地震に備えましょう』という報道がされたり注意喚起が行われたりしますよね。需要の判断も、過去の事実の積み重ねで予測できるのではないでしょうか」

するとと由香が「そういう考え方ですね。私、商品開発の軌跡を追うようなドキュメンタリー番組が好きなのですが、そこで、過去のトレンドや、売り上げ実績をもとに『今はこういうデザインが求められている』『これからはこういう形が流行る』と議論する姿を見たことがあります。企業の企画や開発にも通ずるところがありそうですね！」とハキハキと話す。

「そうですね、その考え方と同じだと思いますよ。ちなみに小平では、デジタルアーカイブの閲覧数など、ホームページのログを確認して需要を把握しています。見てみると面白いですよ。貸出冊数に匹敵するほどアクセスされている資料もあるんです」

美咲は「現状の把握をそこまでされているのですね。私たちは、ホームページのログを見る方法は知っていますが、知っているだけで……定期的に見て振り返るような機会は設けていないと思います。『需要』を知るうえでの考え方と併せて、今後の参考にさせていただきます」と真剣な表情で蛭田さんに宣言すると、さらに続ける。

「あの、蛭田さん、先ほど需要は『保存性も含めて予想する』と話していましたが、この保存性とは何でしょうか？」

蛭田さんは明るい表情で「そうなんです。そこをこれからご説明しようと思っていました」と返す。

「保存性というのは、一過性のものではなく、利用価値が永続的にあるもののことを指しています。将来的にも、その資料を利用する意味があるかどうかも含めて、デジタルアーカイブを進めるかどうか、そしてその優先度も考えていただきたいです」

「ありがとうございます。改めてですが、地域資料担当者は、さまざまな情報をもとに判断する必要があるんですね」

美咲はペンを走らせながらそう返す。そして「あと、デジタルにとどまらず、もっと大枠の地域資料の『資料保存』の考え方としても、資料価値や希少価値、需要、劣化のリスクなどを意識して進めればいいのでしょうか」

蛭田さんはゆっくりとうなずく。

「そうですね。その地域の歴史、文化、社会にとって特に重要な資料に焦点を当てることが重要です。主に該当するのが、歴史的資料、地元の出版物、行政資料、写真・映像や伝統や習慣に関する資料、産業や経済関連の資料などですね」

美咲はひと言も書き漏らさないよう、素早くメモをとる。すると由香が別の話題を話し始める。

「そういえば……二人で勉強会をしていたときに出てきた話なのですが、先ほど小平市中央図書館では地域が写っている写真を集めて、さらに同じアングルで写真を撮っている、とおっしゃっていましたが」

蛭田さんは「ええ、そうですね。何か気になる部分がありましたか？」とこちらを気にかけている。

「実は私たち二人だけで話しているときは、写真がどんなときに役立つのかがわからなかったんです。それに、昔の写真だけでなく、今の、そしてこれから撮る写真も地域資料になるのか？というぼんやりとした疑問もあり……」

「そうだったんですね。写真は目の前の状況や景観をありのままに写し、記録するだけです。しかし、そこからさまざまな情報を読み取ることができる、非常に役に立つ情報資源なんですよ。当時の状況を文章で長々と説明するよりも、視覚的に見たほうがすぐに理解できることもありますよね」

「言われてみればたしかにそうですね」

「おそらく先ほど石川さんが話されていたような、有東区の新幹線の誘致の件なども、その後の駅の変化、周辺の街の変化をしっかり写真で撮影していると思いますよ。そして、これからも撮影し続けるはずです。そのときの様子を一枚撮るだけでなく、ちゃんと過去、現在、そして未来の写真もしっかり積み重なると、それは歴史の記録になりますよね」

由香はメモをとりながら深くうなずく。美咲は（一枚の写真ももちろん大切にすべきだけど、同じ場所の情報が時代ごとにしっかり記録されていくことで、地域資料としての意味がさらに大きくなるってことか……！）と、小平市で定点撮影を続けるようになった意味をようやく理解した。

そして、由香がメモをとり終わったタイミングを見計らい、美咲は真剣な表情で話し始める。

「あとすみません。地域資料の種類のところで、ここでいう『折り込み広告』のところかな……チラシも地域資料だっていうのに、すごい衝撃を受けたんですよね」

「そうですよね。私が地域資料に関する講演をすると、会場の方もよくびっくりされるんですよ。チラシもですか？って。最近の講演会でも、そういう反応をいただきました」

思い詰めたような表情の美咲をフォローするかのように、蛭田さんはそう付け加えた。

「それでですね、過去にチラシを見せて反響があったのは、小学生が図書館見学に来たときですね。昔のチラシを見られるっていうのが、子どもたちにとっては面白いみたいで、デザインも含めて『昔ってこんな感じだったんだ！』と、興味深く見ていましたし……あとは研究者の方々もチラシを見るケースがありますよ」

「研究者というのはまさに、地域の歴史とかを研究されている方ってことですか?」

美咲は首を少し傾けて、蛭田さんに尋ねる。

「そうですね。そういう方もいますし、地域経済を詳しく知りたい方にとっては、チラシが有益な資料になります」

「地域経済ですか……。自分たちでは全然想定できないジャンルでした」

二人は蛭田さんの話に引き込まれている。

「チラシを見れば、その地域でどんな品物がいくらで売られていたのかが明確に見えますよね。しかも、そのチラシの収集が五十年続いたとしたら、地域経済を研究する材料としても、興味深いと思いませんか?」

難問が解けたような感覚になり、美咲の目はどんどん輝いていく。由香は、キーボードを素早く打ち込み、深くうなずきながら懸命にメモをとっている。

「あとは、市場調査などにも使われるケースがあります。その地域の人口や地域特性などをリサーチすることで、来店数や売り上げの見込みを考えられます。地域特性などは、チラシからも読み取れるでしょう」

「なるほど」

「もちろん、実際にその地域に足を運んで情報を集めることも大事ですが、そういった行動に加えてチラシの情報があれば、効率的に、かつ合理的な分析・検討に役立てられますよね」

「本当ですね!そんな使い方もできるんだ……」

美咲の表情は、ようやく穏やかになった。由香も、晴れやかな表情で「チラシの力ってすごいんですね!これからチラシを見る目が変わりそう」とコメントする。

「あと、地域資料の種類について最後に質問させてください。地域資料の種類の中に、『パンフレット・ポスター』とありますが、どの範囲までが対象なのかなと思いまして。たとえば、四月なら国野市で桜まつりが催されますが、そういった地域のイベントのポスターだったり、図書館で開催したセミナーのパンフレットだったり……多岐にわたるので、どこまで収集するべきでしょうか」

蛭田さんは「そうですね、原則としてその地域に関係のあるものを収集するのですが」と話すと、数秒ほど沈黙し考える。

「考え方としては、公共性が高く、市民生活に深いかかわりがあるものを優先的に収集するといいと思います」

美咲の隣で由香が、すかさず「公共性」という言葉を検索し「広く社会の利害にかかわる度合い。社会全体の利益に関係する行動や事柄……」とつぶやく。

「一概に、この資料は集めるべきだとは言えないのですが、たとえばその地域の成り立ちに深く関係する行事や施設についてのパンフレットなどは、おそらく優先度が高いでしょう。公共性と市民生活とのかかわり、という軸をもとに、お二人で検討してみてください」

「なるほど……そうなると、先ほどの話に戻りますが、やはり地域のことを知らなければいけないですし、利用者の求めているものも知っておく必要がありますね」

ふと美咲が蛭田さんの手元に目をやると、コーヒーカップが空になっていることに気づき、蛭田さんの要望を聞いてコーヒーのお代わりを頼んだ。

美咲と由香の、次のステップ

蛭田さんのホットコーヒーが運ばれてきたタイミングで、美咲は氷が溶けきったアイスコーヒーを飲む。しばらく話に夢中だったため、喉はカラカラだった。蛭田さんもコーヒーを口にし、ひと呼吸おくと、美咲が口を開く。

「蛭田さん、本日は地域資料の定義や、地域資料サービスを始めるときの心構え、地域資料の種類についてお話しいただいてありがとうございます。右も左もわからなかったのですが、理解がかなり深まりました。手当たり次第地域資料を集めるのではなく、その前提としての考え方がわかったのは、すごく大きな進歩です」

美咲が、決意を表すようにまっすぐに蛭田さんを見る。

「それならよかったです。『司書トレ』でも説明しましたが、地域資料サービスとは、地域で発生する資料や、地域に関連する資料を収集・組織化して利用できるようにすること、そしてその資料を活用して情報を発信し、利用者のためになるサービスを提供する仕事を指します。そのために、地域のことを知るのは重要です。そして自館のことを知ることも大切です」

「あ、基本的な説明がありましたよね……ええと」

美咲はノートをめくり、『司書トレ』を見たときに書いたメモを確認する。

「そうでした、それを私も見て、地域資料サービスを行うには、その地域のことに詳しくあるべきだし、利用者が『知りたい』と思ったことや、疑問を解決できる動きができないといけないんだ……と思ってメモをとりました」

ふと時計に目を向けると、午後三時十分を過ぎていた。今日の約束は三時半までと話していたため、美咲は姿勢を正し、さらに蛭田さんに投げかける。

「私たちは二人とも国野市の出身ではないですし、長年住んでいるわけではないので、まずは地域のことを知りたいと思います。地域といっても、もちろん自分たちの地域の他の図書館のことを知ることは大事かなと思いますが、周辺の自治体を知ることも必要でしょうか」

蛭田さんは「はい。周辺の自治体を知ることは大切です。他の自治体のことがわかると、自分の自治体についても見えてくるんですよ」と答える。由香はメモをとる手を止め、蛭田さんの次の言葉を待っている。

「他の自治体と比べることで、住民生活や行政の運営の違いがよくわかりますよね。周辺の自治体の取り組みを参考に、自分の自治体の課題を認識して改善につなげることもできる。これは、『自治体』を『図書館』と置き換えても同じことが言えます」

「たしかに……他の図書館の取り組みを知ることで、『私たちはそこまでできていないな』『そんな企画の進め方もあるんだ』と、自館についていろんな気づきが得られますよね」

美咲は蛭田さんの言葉を咀嚼するように、ゆっくりうなずきながら相槌を打つ。

「さらに、歴史や文化・地理的条件も、周辺の自治体は似ています。昔は郡制だったために、現在隣り合っている市と同じ都だった、というケースは珍しくありませんから」

「なるほど！ほとんど同じ歴史をたどっているから、隣の自治体を知ることは、自分の自治体を知ることとイコール、とまではいかなくとも……自分の自治体を知る大きな手がかりになりますね」と由香は新たな発見をしたかのように、元気にコメントする。

「だから歴史研究においても、周りの地域を調べることで、より詳しい情報が見つかるケースもあります」

美咲は（たしかに、自分の地域に流れている河川を詳しく調べるとしたら、その上流を流れる隣の地域の資料も集めることにも、大きな意味があるよね）と自分なりに解釈している。

「また、先ほどの行政運営のところでさらに言えるのが、周辺自治体は、規模感や財政状況も似通っています。お二人がお住まいの地域や、国野市の周辺を想像してみてください」

二人は、それぞれ自分が暮らす街と、その周辺を思い浮かべ「たしかにおっしゃるとおりです」と返す。

「人口など、さまざまな条件が近しい自治体なので、遠く離れた自治体より、近隣自治体を見たほうが、比較しやすく、参考にしやすい。ごみ処理の問題が市町村で挙がっていたとして、近隣自治体ではどんな工夫がされているのかを調べれば、改善の有力なヒントになりますよね。市議会でも、そういった議論がされる際に、周辺自治体の情報も含めた地域資料が揃っていると、役に立ちます」

美咲は、「そんな活用方法もあるんですね。周辺自治体のことを知る大切さもよくわかりました。ありがとうございます」と感謝の言葉を述べる。蛭田さんはそれに返すように穏やかに微笑むと「もちろんこの収集は、何を集めるかの方針を決めてから動くべきです。やみくもに集めればいいということではなく、利用を前提にして選択してくださいね」と付け加える。

美咲と由香は「はい、ありがとうございます」と改めて返す。その数秒後、ふと何かに気づいたかのように、一瞬美咲の動きが止まる。

「蛭田さん。ちなみに、周辺自治体の資料は、どのように送ってもらうのでしょうか。皆さん直接郵送してもらったり、取りに行ったりしているのでしょうか」

「直接送っていただいてもいいと思います。他に、市役所同士の『交換便』という物流があるので、そこに乗せてもらう方法や、都立図書館が相互貸借で物流を確保しているので、少量ならばそれを利用させてもらうことも可能です」

美咲は、資料の収集について具体的なイメージができ、晴れやかな表情になった。そこで由香が、さっきも触れた自分たちの地域の他の図書館について質問する。

「私からもひとつ、質問させてください。私たちが勤めている国野市立中央図書館の本館では、分館との地域資料の連携や管理をどのようにするといいのでしょうか。何かヒントがあれば教えていただきたいです」

「ここでも、第一歩は自館が持つ資料や分館の資料を知ることです。連携には、各図書館との調整や擦り合わせが必要なため難易度も高いですから、まずは基本の現状把握を丁寧に行いましょう」

美咲は現状把握という言葉にハッとする。

「そのうえで、市全体として収集しきれていないジャンルがあったり、自館だけでは対応しきれない取り組みがあったりした際は、分担方針を擦り合わせたうえで、分館と協力・連携するといいでしょう。地域資料サービスは、考えることも行動することも幅広く進める必要があるので、自館で抱え込まないようにしてくださいね」

「ありがとうございます！『自館で抱え込まない』と肝に銘じます。そして蛭田さんのご説明のおかげで地域資料サービスの全体像が見えてきた……ような気がします。自分たちにできることから、進めていきます。地域資料サービスのとっかかりとしては、まずは自館のことを知る、ですね」

「そうですね。そして自館にどういう資料があるのかを理解するには地域資料コーナーや閉架なども見てみてください」

「わかりました。現状把握というのが、何より大事なんですね」

「何かを計画したり実行したりするには、まずは現状把握からですよね。たとえば『節約するぞ』と思い立ったら、今どれだけのお金を何に使っているのか、貯金はいくらなのか、現状を知らないと具体的な計画や、直すべき行動が見えてこないはずです。それと同じように、自館の資料を見てほしいと思っています。あとはこれも先ほど話しましたが、利用者が何を求めているのか知るために、利用者アンケートやレファレンス記録を見てもらえるといいと思います」

前傾姿勢になって聞いていた美咲と由香は、蛭田さんの話をしっかりと飲み込んだ。

「ありがとうございます。地域資料コーナーはちょこちょこ気にして見てはいても、ちゃんと『こんなものがある』とまではまだ認識しきれていませんでした。閉架は書架整理のタイミングぐらいでしかまとまった時間をとって足を運ばないので、時間を見つけていろいろ見てまわらなきゃいけませんね。利用者の求めている資料や提供方法やイベント……などいろいろ考えてみたいと思います」

美咲はそう話しながら由香に同意を求める。由香も「そうですね」と返す。思い詰めたような表情の二人を見て、蛭田さんは優しく気遣う。

「まぁ、ひとつずつ、できることから始められたらいいと思います。何か気になることがあったら連絡してください」

「え、いいんですか……?」

「せっかくのご縁ですし、まず基本を固めたら、次にやることもまたあるので、ステップバイステップで私もご相談に応じたいと思います。それに、これだけ熱心に動いている方々がいて、本当に私も勇気づけられるので。今日お話しして、私としても本当によかったです。今までやってきたことが少し報われたような気がしました」

「ええ、そんな、ありがとうございます。むしろ、この道のスペシャリストである蛭田さんのお話を聞けて、本当になんとお礼を言っていいか……」

二人は深々と頭を下げる。

その後、蛭田さんが過去にさまざまな書籍を執筆したときのエピソードや、地域資料サービスを実践している図書館の話などを伺い、美咲と由香は多くの刺激を受けた。店内は、新しいグループが二組と、常連と思われる男性がカウンターで新聞を広げながら過ごしている。

「では蛭田さん、先ほどのお言葉に甘えて、本当にまたご連絡させてください」

蛭田さんはコーヒーの最後のひと口を飲み終え、「はい。気軽にご連絡ください」と二人に微笑む。

席を立つ蛭田さんを入り口まで見送り、さらに深々と頭を下げた美咲は「本日は本当にありがとうございました。またよろしくお願いいたします。失礼いたします」とハキハキと伝える。由香も後ろで「ありがとうございました」と続ける。

——カラン。

ドアのガラスに映る蛭田さんの影が見えなくなると、二人は席に戻り、同時に顔を見合わせる。

「すごいね、すごいね蛭田さんって！というか、私たちが何も知らなすぎたのもあるんだろうけど」

「本当ですね。今までいろいろ悩んでいたのが少しずつ解けていった感じ。もっと早く会いたかった〜」

興奮気味で話す二人は、残っていたアイスコーヒーを飲み干すと、軽やかな足取りで店を出る。自分たちは、まだ地域資料サービスの入り口に立ったにすぎない。そう改めて認識したものの、どこか二人の顔は晴々としている。

第4章

美咲、自館の地域資料の課題に直面する

蛭田さんのレクチャー会のことを上司に報告する

翌週の水曜日。美咲が出勤し事務室に入ると、最終勤務日を迎える小野寺さんのデスクに、すでに小野寺さんのバッグが置かれていた。図書館のエリアのドアを開け、数歩進むと、小野寺さんは窓側の椅子を空拭きしながら、窓から見える景色を名残惜しそうに眺めていた。ゆっくりと近づく美咲の足音に気づいた小野寺さんは、振り返りながら「おはよう。早いね」と返した。

「はい。小野寺さんの最終勤務日なので、一緒にいられる時間を少しでも長くしたいと思って。朝、すぐ起きちゃったタイミングで来ました」

「ふふふ、そっか」

小野寺さんはそう返し、二人で数秒間、ぼんやりと窓の景色を眺めていた。ふと思い出したように小野寺さんが美咲に目を向ける。

「そういえば蛭田さんの件どうだった？ 会いに行ったんだよね」

「はい。すごく丁寧に教えてくださって。柔和な方というか、私たちが基本的なことを知らなくても快く答えてくださる方でした」

「そうだよね。なんか本当に穏やかなイメージ」

「そうなんですよ。だから私も由香ちゃんも素朴な疑問をいろいろ聞けたというか。今日課長にその報告もしようと思っています」

美咲がそう答えると小野寺さんは「うん。私も同席する予定だから、楽しみにしてるね」と微笑み、開館準備を再開する。

午前中はあっという間に時間が過ぎた。哲学の調べ物をしているという男性にデータベースを案内したり、その後に来た、とあるレシピが載った雑誌を探しているという利用者の対応をしたりしていたら、いつの間にかお昼休みになっていた。

昼食をとりながら美咲は、課長に報告する内容について改めて考えていた。もうすでに資料はほとんど作っているが、ギリギリまで構成を考えるためにパソコンを開いて粘っている。由香も一緒になってパソコンを覗き込みながら二人で話し合う。

「基本的な内容はだいたい押さえてあるし、大丈夫だよね?」

「大丈夫じゃないですか?この資料をもとにゆっくり説明すれば、理解してもらえるような気がします!」

「そうだよね」

またしても由香に背中を押された美咲は、文書ファイルの保存ボタンを押すと、ゆっくりとパソコンを閉じる。

「佐藤さんお疲れさま。じゃあ、大会議室が空いてるから大会議室で話そうか」

課長がそう合図をすると「はい」と緊張しながら美咲が返事をする。由香は、印刷したての資料を持って小野寺さんと事務室を出て廊下を右手に進んだ突き当たりにある大会議室に移動する。

だだっ広い大会議室の片隅で長机を向かい合わせにし、四人が腰かけると、由香が報告書をそれぞれの前に配布する。報告書には、先日蛭田さんに聞いたことを箇条書きにしている。

「えっと、地域資料サービスを担当するようになって何度か進捗状況を報告してきましたが、先週ついに、私たちが地域資料について学んでいた本や『司書トレ』で参考にしていた蛭田さんとお会いしてきました」

真剣な表情の由香は、パソコンでメモを見返したりしながら、課長と小野寺さんの反応をうかがっている。

美咲は、報告書に沿って、補足をする。

「まず、地域資料の定義は、『当該地域を総合的かつ相対的に把握す

地域資料サービスを進める上で押さえておきたいポイント

●地域資料サービスを始めるにあたって、知るべきこと

–地域資料の定義

–地域資料の種類

一般図書、行政資料、地図、新聞記事の切り抜き、折り込み広告、写真、パンフレット・ポスター、古文書、子ども向け資料、特別文庫、特別コレクションなど、地域資料の定義にあてはまるものを指す

–地域のこと（歴史・企業・文化・地理交通など）

–自館のこと（歴史・役割・事業・利用者層・連携する機関・蔵書）

–利用者が自館に求めていること（レファレンス記録など）

–自館に必要な地域資料（需要や希少価値、資料価値が高く、保存性も考慮したもの）

●地域資料の収集方針を決める

るための資料群で、地域に関するすべての資料及び地域で発生するすべての資料』ということです。この定義については蛭田さんが携わっていらっしゃった三多摩郷土資料研究会で決められたそうです」

課長と小野寺さんは真剣にうなずいている。

「続いて、ここが大事なのですが……、地域資料サービスを始める前の心構えとして、その地域によって、収集する地域資料は変わってくるので、地域を知ることと自館のことを知ることが重要ということでした」

課長は「ふんふん」とうなずきながら、

「すごく初歩的なことだと思うんだけど、地域を知る……ということと関連性がありそうだけど地域資料の種類にある『一般図書』とは、どのような地域資料が該当するのかな?」

美咲は、「はい」と言いながら、レクチャー会のメモを見返す。

「一般図書とは、市販・地方出版・個人出版を含めた図書形態の資料のことを意味していますが、その中でも、図書がその地域に特有の内容を扱っているかどうかの地域性や、著者がその地域の出身であるか、出版された書籍が地域の出版社から出ているものかなどの判断基準で『地域資料』として所蔵するようです。ただ、ここには、本来一般図書ではなく『逐次刊行物』と分類される雑誌なども含んでいるみたいです。それは、地域資料としての逐次刊行物は、一定期間が過ぎても廃棄せず、保存し続けるから……ということでした」

美咲の説明に、由香も捕捉する。

「すべての逐次刊行物ではなく、地域資料と判断された雑誌は一般図書として受け入れていて、それ以外は、小平市も一定期間を過ぎたら廃棄しているみたいです。やはり、スペースの問題もあるようなので」

課長は、小さく「なるほど」と言いながらメモをとっている。

次に、地域資料の種類として話題に上がった「特別文庫・特別コレクション」のことも説明した。

「小平市にもそういった『特別文庫・特別コレクション』があるようでして、平櫛田中という、近代日本を代表する岡山県出身の彫刻家の『平櫛田中文庫』というものでした」

その美咲の発言を受けて課長が問いかける。

「あれ？ でもそうしたら、小平とは関係ないよね？」

「私も疑問に思って、蛭田さんに同じことを聞きました。たしかに平櫛さんは小平市生まれではありませんが、晩年を小平市で過ごしていたんです。彼が所蔵していた本、蔵書の中には、当時の貴重な本や大型美術本が多くあったんです。それを、平櫛田中が亡くなった約三十年後の二〇一二年に小平市の図書館に寄贈されて、数年かけて整理し『平櫛田中文庫』として、管理していくためにホームページなどでも公開されているそうです。出身地じゃない、ゆかりのある方の資料も、その地域を知ることができる大事な要素のひとつのようです」

・小平市立図書館『平櫛田中文庫　蔵書検索』

https://library.kodaira.ed.jp/cms/

また課長が質問を投げかける。

「『平櫛田中文庫』は彼の著書ではなく、彼が集めていた本ってことかと思うけど、それも地域資料になるんだね」

「はい。平櫛さんもいくつかの書籍を出しているので、コレクションには著書も含まれているそうです。たしかにほとんどは、彼が集めていた本ですが、それらはこの地域で暮らしていた彼の、彫刻家としての活動やその背景を探れる大事な資料でもあるようです。さらに、他の図書館にはない貴重な本も含まれているようです」

美咲をサポートするように、由香はパソコンで「平櫛田中文庫」の蔵書検索ページを開き、全員に見えるように画面を向ける。

「ちゃんとデータベース化までされているんだね」

佐伯課長は感心するように腕を組みながら、興味深く由香のパソコン画面を覗き込んでいる。

「ちなみに調べてみると、他に化粧について研究されていた久下司さんのコレクション『久下文庫』というものや、小平市のエリアに昔あった小川村の名主・小川家に伝わっていた古文書を集めた『小川家文書』というものもあるみたいです。いずれもデータベースや目録が整備されていて、館内で見られるようになっています……これも蛭田さんを中心に精力的に活動されてきた結果なのだと思いました」

するとか小野寺さんが「そうだ。実はうちの図書館にも特別文庫になりそうな蔵書が閉架に眠っていると思う。結構多くて、整理できずにそのままになっているんだけど」とややうつむきがちに話す。

美咲はその言葉を受けて、蛭田さんからの教えを思い出した。

「小野寺さん、ありがとうございます。そうなんですね。その報告書にも箇条書きにして書いたのですが、実は蛭田さんからの教えのひとつに、『自分の図書館にどんな資料があるのかをちゃんと知りましょう』というものがありまして。地域資料コーナーにある本もそうなのですが、私なりにたしかに、閉架にあるものの中に、これから地域資料サービスを進めるうえで活かせそうなものがあるかもしれないと思っています。自分の目で見ていろいろ把握しよう、と考えていたところでした」

流暢に話す美咲の姿を、小野寺さんは頼もしい様子で眺めている。

「だからこれからになりますが、目録作成や蔵書登録もそうですし、時間を見つけて閉架を確認し、もちろん地域資料コーナーや児童書コーナーも改めて見て蔵書をしっかりと把握できるようにしたいと思っています」

そう話し終えると、隣の由香も小さくお辞儀をする。すると、にこやかに美咲の姿を眺めていた課長が口を開く。

「そうだね。私もそうだけど、業務の忙しさに紛れてそういう現状把握がちゃんとできていない側面もあるのかもしれない。地域資料サービスに限らず、自館の資料を知る時間をちゃんと作るのは大事だね」

課長の言葉を受けて、小野寺さんも深くうなずいている。

「ああそうだった、佐藤さん。せっかくの話に水を差してしまって申し訳ない。蛭田さんに次のステップを聞いたときに、『自館の資料の把握』以外にどんな話があったの？」

「『連携』についてもお話されていましたね。市役所の広報課や観光協会などに連絡をとって、地域の情報に詳しい方と繋がっていくことで、また新たな知識も得られるとのことでした」

課長はうなずきながら、「そうなると、行政の担当者にコンタクトをとったり、行政以外の機関の地域資料となると膨大になると思うけど、できるだけ集めていくにはそれぞれの機関に出向いたりするといいのかな」と尋ねる。

「はい。まず、何でも集めるというのは現実的ではないので、どんな資料が発行されているかを知り、収集方針を考える必要があるようです。『全部ください』と言われるよりは、具体的に指定されたほうが、行政や学校の担当者もわかりやすいでしょうし。行政担当者、学校、博物館や町会など、地域資料の担当者が連携しておきたい機関や団体はたくさんあるので、コミュニケーションはさまざまみたいです。その中でもいくつか例を挙げると、行政の資料であれば市役所や区役所に連絡し、まず資料提供を依頼するそうです。学校であれば、図書館長は校長会や副校長会に出席して、そこで得た情報を地域資料の担当者に共有して、その情報をもとに、担当者が収集する資料を決めたら、それらの学校から資料を提供してもらえるよう再度相談する方法もあるようです」

「そのとき、簡単に理解して提供していただけるものなのかな?」

課長は素朴な疑問を投げかける。

「はい……依頼書を作成したり、学校間の連携を図るために定期的に開かれている、校長会や副校長会に地域資料担当者も出席して、説明資料とともに口頭で説明したり、適宜必要な作業はあるようです。また、調べ学習や総合学習の下調べ、学校の周年の記念史編さんをするために来館される機会もあるので、そこで先生方とお話をしてもいいかもしれないと蛭田さんにアドバイスをいただきました。あとは、市内の情報を効率的に知るには、市報が役立つそう

地域資料を収集するうえで連携しておきたいさまざまな機関

- **行政機関（行政出版物、パンフレットなど）**
  市役所・区役所などに連絡をとり、継続的な資料提供を依頼する
- **学校（学校経営方針、文集、学校だよりなど）**
  校長会・副校長会、来館された機会などに相談する
- **博物館、農協、商工会、観光協会（パンフレットなど）**
  市の関係機関を通して連絡・紹介してもらう
- **町会、企業（町会報、社史など）**
  結束力の高いコミュニティや、企業に電話・メールなどで相談する

です。私も個人的によく眺めていますが、河川敷を親子で探検するような『自然発見ツアー』や『親子体操教室』とかイベント欄がなんだか楽しそうなんですよね」

美咲がイキイキとした表情で話すと課長も応えてくれる。

「市報には、地域で開催されている集会やイベント、市で発行した印刷物、新たに建設された施設などが紹介されているからね」

「はい。それらを通して、市民の生活が具体的に見えてきて、町会報だとさらに細かな地域の、住民が悩んでいることやそれを受けての町の変化などがリアルに把握できるみたいです」

美咲はそう話すと、蛭田さんにもらったメモを課長に見せる。

「まずはどんな資料があるかを理解し、収集方針を決める。そのうえでさまざまな機関にご相談する……こちらからどんどん働きかけていくことが大事なんだと改めて理解できました。そして、蛭田さんがおっしゃっていたのは、資料を集めるだけでは、利用者のためにはならないということでした。地域資料の担当者はよく間違えて理解してし

まうのですが、集めて、それを利用者に貸し出せるようにするまでが、地域資料サービス……ということです。集めた資料が利用者の手元に届かないと意味がない、ということを意識していきたいと思いました」

美咲の言葉に課長もうなずく。

「たしかに集めることに気を取られがちだけど、その先のことまで触れてくださったことで一気に視野が広がったね。『貴重な地域資料だから、大事にしまっておきたい』となりそうだけれど。であれば原本は大事に保管して、中身はホームページで誰もが見られるようにしたり、複本収集して一冊は保管用にしたり、できることはあるしね」

満足げな課長に、美咲はノートをチラッと見てから再び話し始める。

「そうなんです。そして、蛭田さんが話されていたのは、地域資料サービスを行うにあたって自分の図書館の方針や概要をしっかり理解しましょう、ということです。図書館はどういう経緯で設立されて、どんなサービスを提供する存在として機能すべきなのか。そこを理解すると、地域資料サービスとしてどの要素を優先的に考え、実行すべきかが見えてくる、といった意味で蛭田さんは話してくださったのだと思います。図書館って、利用者のために存在すべきですよね。そして利用者の方々が求める地域資料サービスとは何か、を考える必要があって、そのヒントが読み取れるということなのだと思います」

課長や小野寺さんからは、納得が得られたようで感嘆の声が聞こえてくる。

「という説明は蛭田さんに教えていただいたことなので、私もこの意味は最近知ったばかりです。図書館や地域によって、どんな資料を集めて提供すべきかは違うから、自館では何を提供すべきかを知るための基礎をまず知りましょう、といったことを話されていました」

「佐藤さん。この『図書館の役割を知る』というのはつまりどういうことをすべきだって、蛭田さんは話していたの？」

　課長は少し前傾姿勢になりながら、美咲に問いかける。

「一番わかりやすいのは図書館の事業概要などがまとめられた冊子だとおっしゃっていました。図書館設立の簡単な経緯や歴史、蔵書の数、これまでやってきた事業、さらに市内の各図書館の役割まで載っている冊子が、小平市にはあるようです。……ただ」

　そう言いかけながら、美咲は自分のメモを読み返す。「ええと、そういう冊子がない場合もやり方はありまして……」と美咲がメモをした箇所を探しているのを察して、由香がフォローを入れる。

「図書館によっては、そういった概要をまとめた冊子を毎年発行していないケースもあるそうです。その場合、周年記念で発行するような図書館史、業務のあらましが載っている事務手引きというものでも、ある程度情報が得られると話していました」

　課長は美咲と由香の話に納得したようで、首を大きく縦に振ると「ありがとう。よくわかったよ」と返した。そして周りを見渡し、「ちなみに、この図書館に来た初日やその直後あたりには必ず、そういった関連の冊子を見せるようにしてきたんだけれど、覚えているかな」と投げかける。

　美咲や由香は伏し目がちに「読んだ記憶はありますが詳しい内容までは……」と小声で話す。小野寺さんまでもが「私もです……申し訳ありません」とうな垂れている。課長を見ると「待ってました」とばかりに微笑む。

「私たちの図書館の運営方針についてまとめつつ、その運営方針を利用者の方々に見ていただいてアンケートをとったものがあるんだよ。六年前に作ったやつなんだけれど」

図書館がどうあってほしいか、運営方針に沿ったような運営ができているのかを利用者の方に判断していただいて、これから国野市立中央図書館がどうなってほしいかという意見も聞いて、それを参考に今後の運営を考えていこう……というもので。まさに蛭田さんがおっしゃっているような自館の役割がよくわかると思うから、佐藤さんと石川さんに後で渡すね」

美咲と由香の表情がパッと明るくなった。

「ありがとうございます」

その後、蛭田さんが地域資料サービスとして実践してきた、小平市の街並みを写真で記録する活動についても触れた。

「佐藤さん、石川さん、お疲れさま。地域資料サービスのことをお願いしてから、どんどん積極的に情報を集めるようになって、蛭田さんに直接アポイントまで取ってしまうなんて本当に心強いよ。何か今後の仕事の進め方で困ったことがあったらいつでも聞いてね」

そう締めくくると、小野寺さんも美咲と由香を激励してくれた。この日は打ち合わせが終わってから、データベースの確認や溜まっていた書類の整理などをしていると、あっという間に閉館時間になり、最終日だった小野寺さんに大きな花束を渡し、全員で小野寺さんの姿を見送った。

自館の役割を知る

翌日、美咲が出勤すると、デスクに「運営方針についてのアンケート結果」という冊子が二冊置かれていた。付箋には課長から「例の件です。お願いします」とのメッセージが書かれている。さっそくそれを由香に共有すると、業務の合間に時間を合わせて、冊子を読む時間をつくることになった。

午後六時になり、利用者がまばらになったタイミングで二人は事務室のデスクに集まった。

「じゃあさっそく始めますか」

美咲がそう切り出すと、由香は自席からくるっと振り返り、美咲のデスクのほうを向く。

「今日、業務の合間にパラパラめくって見ていたんですけど、ようやくまとまった時間がとれる〜。じっくり見たかったんですよね！」

「私もチラチラ見てはいたんだけど、あれだね、地域資料サービスにかかわることになってからこういう資料を読むと、たしかに言葉とか数字もなんだかスッと入ってくる気がする」

そう笑顔で話す美咲を見て、由香は嬉しそうに「では、要点をまとめるためにも、書いていきますね」と言って、二人の席の横にあったホワイトボードを指差す。

冊子の冒頭の「図書館の方針」という題名のページに書いてあることを由香がホワイトボードに書き写す。

・誰もが気軽に利用できる図書館
・子どもの読書環境が整備された図書館
・市民や地域に役立つ資料が揃った図書館

由香はそこを音読すると、おもむろに口を開く。

「なんか読んでみると、当たり前に思えるくらい基本的なことが書かれていません？」

「うん、そうだね」

「でも『気軽に利用できる』とか、『誰もが』とかの言葉に、ちゃんと意味とか想いが詰まっている気もしますね」

美咲は強く共感し、少し弾んだ声でこう返した。

「わかるかも。なんか蛭田さんから地域資料サービスの定義を教えてもらってから、一つひとつの言葉の意味とか、そこの解釈へのこだわりみたいなものを考えられるようになってきたよね」

「そうなんですよ。『誰もが』っていうのとか、まさに子どもも高齢者も含まれているだろうし、なんとなく読書を楽しみたい人もしっかり研究したい人も、目的が限定されることなく『気軽に利用できる』べきだし、もちろん性別も関係なく、ってことなのかなって。ここに来たばっかりの頃は、こういうの流し読みしていただけですもん」

少しして美咲は「ねえ由香ちゃん、八ページ目に書いてある、図書館を利用する方々の年代グラフ、見てみて」と投げかける。由香は急いでページをめくると、再び美咲が口を開く。

「私たちもなんとなく肌感覚で、五十代以上の方が多そうだなっていうのは思ってたけど、その次に多いのが三十代っていうのも面白いよね」

「本当ですね。言われてみればそんな気もしてきたけど、なんでなんだろう」

「なんとなくだけど、子育て世代の方々で絵本コーナーとか児童書で熱心に本を探されている方もいるじゃない？　そういうことなのかなって」

「そうですね。何冊もお子さん用の本を借りて帰る方って多いですもんね」

冊子を手に、二人は目線をやや上に向けながら、これまで対応した利用者のことを思い返している。

そしてまたパラパラとページをめくりながら、今度は由香が美咲に話しかける。

「美咲さん、一番最後のアンケートの自由記入欄、見ました？　私ホワイトボードに書いていきますね」

・運営方針に沿ったサービス提供ができているか
・誰でも気軽に利用できる

「皆さん、『誰でも気軽に利用できる』っていう方針にはすごくポジティブな印象を持っているんですよね。開かれた図書館であるべきだとか、みんなが足を運べるように、っていう解釈で賛同している人もいて、それはたしかにと思うんですけど」

そう前置きをしながら、由香は少し声を低くして話を続ける。

「子どもや高齢者に親切なサービスを、もっと充実させるべきじゃないか、みたいなことを書いている人が結構多いように思います。おそらく書いている方も高齢者だったり、お子さんをお持ちの方だったりするのかもしれないですが」

「そうかもしれないね。こちらが気づかない視点でいろいろ書かれているから、本当に参考になりそう」

そう美咲が返すと、また少し沈黙が流れる。それぞれがアンケート結果を熟読していると、美咲がまた思い出したように話し出す。

「地域資料の種類の中に『子ども向けの地域資料』があるし、アンケートでも、子ども向けのサービスっていうのがひとつの大きな需要としてあるんだとしたら、今後、子ども向けの地域資料に対するアプローチをしてみてもいいのかなって、ちょっと今思い始めたんだけど」

「そうですね。そうかもしれないけど……あそっか！」

由香はひらめいたように目を輝かせる。

「そういうアタリを持って、蛭田さんが言っていたようにもう一個の宿題をすればいいってことかな」

「どういうこと？」

「子どもに対するサービスへの需要はある。それで、実際に方針としても『子どもの読書環境が整備された図書館』であるべきだともされている。それに加えて、あと一個やることがあったじゃないですか」

「そっか、自館の資料の確認」

「そうですね。明日はまとまった時間が取れそうなので、見てみますか！」

そう由香が提案すると、二人はうなずき合う。そう話していると、あっという間に閉館時間になってしまった。二人は他の同僚と合流し、閉館準備に取りかかる。

自館の資料を確認する

翌日、二人はちょうど館内が空いてきたタイミングで『自館の資料の確認』を進めるため、改めて開架と閉架を見に行くことにした。事前に課長や、カウンター業務を一緒にしていた人には断りを入れていたのだ。


まずは、開架の書架からリサーチに行く。

「実は私、前にチラッと見て気になっていたのがあるんだよね」

美咲はそう由香に話すと、棚の一角にある雑誌を手に取る。

「これなんだけど、これ以外にも、この雑誌のシリーズが並んでると思うんだけど」

「ですね！これ、なんですか？」

「駅周辺の、都市開発の話とかが載っているの。たぶんその道に明るい方だと思うんだけど、何人かで対談していて。

当時のことが書いてあって、ちょっと難しいけど面白いよ」

美咲に手渡された雑誌の文字を、由香も目で追ってみる。

「へぇ〜。あ、私たちが使っているのとは違う路線が、なんでちょっと遠く離れた場所に通ってるのかとかも書いてある……」

「しかも、最初は意外とその駅とか路線が使われなくて焦った、とかも書いてあるの」

「へぇ〜！　そんな過去があったんだ〜面白い。……そしてこれってまさに、『交通を知る』ですね」

蛭田さんとの会話を思い出しながら、他の本も手に取っては眺め、二人で気づいたことを話し合う。

「でも美咲さん。子どもも読めそうなものはないですね。それこそこの航空写真とかはパッとみて変化とかがわかってまだ理解できるかもしれないけど、解説は結局子どものために作られていないし。たぶん、子どもも読めるような本も集めるというか、棚をパッと見ればわかるような仕組みを作ったほうがいいんでしょうね」

「そうだね。その辺を視野に入れて、今後は方向性を考えたほうがいいのかなぁ」

そう話しながら、今度は児童書コーナーへと歩を進める。

「ここだここだ。このエリアはまさに国野市のことをまとめた本だよね」

「『見てわかる！　国野市自然ガイドブック』『国野市のむかしのはなし』……へぇ。たしかにこういう本なら子どもも楽しみながら見られそう」

美咲も本をパラパラとめくりながら「ね、しかもこういう本、小野寺さんはレファレンスで大人の方にも案内してなかった？」と由香に投げかける。

「ですね。でも、今改めてちゃんと見てみると、大人にとってもすごくわかりやすいというか、普段読書をしない人でも気軽に国野市のことが理解できる本ばっかり。私は児童書から、地域資料の勉強始めようかな〜」

由香のコメントを受けて、美咲は急に顔を上げる。

「そうそう。小野寺さんから譲り受けたメモにね、『子ども向け地域資料＝大人の入門書にもおすすめ』って書いてあったの。本当に児童書とかって、そういう使い方もできるんだろうね」

「二人は、開架をひとしきり確認すると、次に静かに閉架へと向かう。閉架は地下にある。やや薄暗い階段を抜け、カードリーダーにカードをかざすと、重い扉が開き奥に広々とした空間が見える。二人は日常的に予約された本や返却された本の出納で出入りしているものの、じっくり資料を見ることはあまりなく、蔵書点検で訪れたことと、専門的な研究をしているという方の問い合わせを受けて、閉架の資料を案内したことが何度かある程度だった。

「いやぁ、時間をかけてじっくり見るのは初めてかも」

そう言いながらキョロキョロとあたりを見渡す由香は、どこかワクワクしているように見える。美咲は「そうだね」と相槌を打ちながら、ＮＤＣ分類の中から関係がありそうなエリアを順にまわっていく。二人が「ジャーナリズム、新聞」の棚に差しかかると、きれいにファイリングされた新聞の切り抜きとは別のところに、さらに昔の新聞紙が山積みになって置かれていることに気づく。「あれ？これって……」と由香が新聞に手を差し伸ばす。どうやら平成二十年前後の新聞紙が放置されているようだった。

「うわ～。結構古いやつはそのままになっているんですね。これ、いつの新聞があるかを把握するだけでも大変そう～」

二人は、自分たちに待ち受けているかもしれない業務の多さに気づいた。黙々とその新聞を漁りながら、発行日を一つひとつ確認してみる。

「ざっと見た感じ、十年以上前のものが特に積み上がっているんだね」

美咲のコメントに、由香はゆっくりとうなずく。

「ですねぇ。これをもし整理するとしても、一年二年でどうにかなるレベルじゃないですよね！」

「う～ん。どれくらいかかるか……きっと私たちがまだ知らない工程とかもいろいろ必要になってくるんだろうし」

「蛭田さんが勤めていた小平市だったら、たぶんこの辺もしっかり整理していますよね」

「……だと思うよ」

「どうやって整理しているんだろう」

腕を組みながらしばらく黙っていた由香は、ふと蛭田さんの言葉を思い出した。

「そういえば、蛭田さんは『また次のステップになったら相談に応じます』みたいに話してくださっていましたよね」

「たしかに……そうだね」

「私たちって図書館の概要がわかるような資料も読んだし、今まさに自館の資料を把握しているところじゃないですか。比較的、求められている資料も、アンケートで子ども向け地域資料だってこともわかったと思うんですけど……」

思いつめたような表情をしている由香を見て、美咲が口を開く。

「アンケートにもあったけど、『運営方針に沿ったサービス提供ができているか』とか『誰でも気軽に利用できる』っていうサービスの真髄が全然わかっていないよね」

「そうなんです。どうやって収集するのかとか、さらにどう利用してもらえるのかまで踏み込めていないんですよね。美咲さん、『司書トレ』見返してます？　私は昨日からまた見ているんですけど」

「うん、私もちょこちょこ見てる。それでひとつ気づいたんだけどさ、『利用』っていう言葉が結構出てくるのが気になっていて……」

「へぇ〜。『利用』かぁ」

そう相槌を打つと、二人は帰宅するときに、一緒に『司書トレ』を見てみようと約束を交わした。


「お疲れさまでした。お先に失礼します」と事務室を出ながら、『司書トレ』をスマートフォンで確認する。由香が、何度か画面を一時停止しながら確認すると「あ、ここか。地域資料サービスは、資料を収集・組織化して『利用に供する』ものである……みたいな説明のところとか？　あとは、地域資料を担当するうえで大事なのは、その資料を『利用するための手立てを講ずること』とかも書いてある」

「そうそう。前だったら流し見していたところだけど、他の場所でも結構出てくるってことは、明確な意図というか、蛭田さんなりの考えがあるのかな〜って」

美咲の考えに由香も「あれだけ言葉にこだわって定義を決めた方なら、何かありそうですよね」と同意する。

「蛭田さんにこれをまず報告して、次のステップを聞いてみるのはどうですか？」

「うん。そうしようか。今がちょうどいいタイミングかもしれない……！　一旦蛭田さんに打診してみるね、ありがとう」

翌週の月曜日、蛭田さんにメールを書く。メールの趣旨は、その後、自館の資料の確認をし、アンケート結果を見るなど自館に求められていることがわかってきたのですが、それを『利用してもらう』ためにどうしたらいいのか……という疑問にぶつかっているのでまた意見を伺えると幸いです、という内容にした。

蛭田さんからはその日のうちに返信が届いていた。今回はオンラインで話すことになり、蛭田さんからはさっそく日時の提案が書かれている。

美咲と由香もスケジュールを確認し、四日後の金曜日、午後一時から蛭田さんとオンラインツールで話をすることになった。

蛭田さんへの報告

カチカチとマウスのクリック音が響く。小会議室で、二人は蛭田さんとのオンライン打ち合わせのためにツールを開き、蛭田さんが参加するのを待っている。五分後、蛭田さんが時間どおりに打ち合わせルームに参加してきた。

「蛭田さん先日はありがとうございました」

美咲は由香と一緒に画面の中でペコペコとお辞儀をする。二人が、再び時間を作っていただいたことへの感謝の言葉を述べると、蛭田さんは「いえいえ、こちらも気になっていましたし、どんなことをお二人が感じられたのか、お話を聞くのをすごく楽しみにしていたんです」と柔らかな表情で返す。二人は恐縮しながらお辞儀をすると、これまで行ったことを報告する。

「まずは図書館の事業概要についてですが、ちょうどこういった冊子があったので……」

美咲の横で由香が「運営方針についてのアンケート結果」という冊子を蛭田さんに見せる。

「これをもとに図書館の運営方針や、実際に利用者がどんなことを望まれているのかを調べました。そうするとどうやら子どもに対するサービスの需要が高いことに気づいたんです」

「そうだったんですね。ちなみにどんなことが書かれていたのでしょうか？」

蛭田さんの問いに答えるように、美咲はアンケートのコメントをいくつか音読し、共有する。

「このように運営方針には共感している方が多い一方で、子ども向けのサービスへのコメントも多い。この部分を充実させる必要はあると、二人で少し思っています」

すると、笑顔で美咲の話に耳を傾けていた蛭田さんがおもむろに口を開く。

「お二人ともしっかり読み込まれているのですね。国野市の図書館の様子が、私もよく理解できました。そしてやはり公共図書館は、お子さま連れの利用者が頻繁に来られますね。読み聞かせに参加し、絵本や児童書の貸し出しも多く、子ども向けの事業の反響も多い。児童サービスの充実は、とても大切ですね」

蛭田さんはそう話すと、また二人に「そうそう、自館の資料の確認もされましたか？」と尋ねる。

「はい。あれから二人で地域資料コーナーを見に行ったり、あとは児童書コーナーでも国野市のことがわかる本がまとめられたコーナーを探したりで、これがいわゆる子ども向けの地域資料ということなのかなと思いながら、いろいろと見てみました」

そう美咲が返すと、由香が児童書コーナーにあった本や、小野寺さんが過去に開催した読み聞かせ会で、国野市が舞台になった本を取り上げたことも報告した。すると蛭田さんは、二人に笑顔を向けて嬉しそうに反応する。

「いろいろ見て回られたんですね。前任の方も、工夫しながら地域資料サービスに取り組んできた様子がよくわかりました。そして、過去にそういうことをされた経験もあるなら、今後、お二人の地域資料サービスの実践が軌道に乗ってきたら、またそういった読み聞かせなどを開くことも考えられますね」

美咲は（たしかに、由香ちゃんがあのとき小野寺さんの読み聞かせを手伝っていたんだし、そのノウハウを活かしながら……いつか二人でできるかもしれない）と新たな展開を想像し、胸を躍らせる。少しの沈黙が流れる間、美咲は冷静な視点にかえり、今後の方針を改めて蛭田さんに話す。

「ただ、それに対してのサービスが今はまだ不十分なのはたしかだと思います。先ほど話したアンケート結果のように、子ども向けのサービスの充実はやはり、ひとつの課題です。今のところは利用者の方のレファレンス対応だけになっています。……今後、先輩が担当していたときのような活動も含めて、パワフルにやっていきたいと思います」

そう心境を吐露すると、思い出したようにさらに話を続ける。

「あ、あとですね、その後二人で、駅周辺の都市開発の流れがわかるような本も見てみたり、あとは航空写真なども見てみたりしたんですが、非常に面白いですね。昭和三〇年代の頃の駅周辺の航空写真を見たら、今は開けた広場になっているところが昔はロータリーで、さらにそのロータリーの端に井戸がある。それが、現代に近づくにつれてどんどん建物が増え、井戸もロータリーも消え、そのエリアが他の役割へと変わっていく。ワクワクしながら見てしまいました」

饒舌になる美咲を見て、由香も嬉しそうな表情を浮かべている。

「そういう興味を持って取り組めるのは非常にいいですね。必要に応じて情報収集して、ぜひ国野市についてもっともっと詳しくなっていってください」

蛭田さんに背中を押されたように感じた美咲は、（自分なりにやっていた行動が、少しずつ未来の地域資料サービスにつながるといいな）と強く思った。そして、さらに蛭田さんが続ける。

「ちなみにお二人は、開架だけでなく閉架も見られましたか？　より深い情報が書かれた資料や、開架にはない掘り出し物が見つかるかもしれませんよ」

蛭田さんの話を受けて、二人はアイコンタクトを取ると、美咲が閉架に行ったときの様子を報告した。

「特別文庫になりそうなものや、新聞も山積みで……これを整理する必要があるとするならば、非常に手間と時間がかかりそうだな、とも思いました。そこで二人で気になっているのが、資料の収集方法や利用者に利用してもらうための方法です。ちょうど『司書トレ』を改めて見返していたのですが、そこで『利用』という言葉が何度も出てくることにちょうど気づきまして。何かちゃんとした意味があるのだろうなと、思っていたところでした」

由香がそう切り込むと、美咲もそれに続ける。

「それで、これまで伺った蛭田さんのお話や、『司書トレ』で拝見した小平市の事例を改めて思い返していく中で、たしか特別文庫や新聞記事もデータベース化されていましたよね。そういった取り組みも、まさに『利用』を意識して、多くの方が資料や情報に触れやすいサービスを常に考えて取り組んでこられたのかなと……勝手ながら思っていました。そこで利用のための資料の収集方法や、利用者に利用してもらうための方法について、基本的な考え方を教えていただけると嬉しいです」

蛭田さんは、二人が熱心に『司書トレ』で復習していたことに驚きながら、説明を再開する。

「そんなところにもアンテナを張って復習されていたんですね。お二人が指摘されたとおり、地域資料サービスは、その資料を利用者に利用されなければ意味がない、という考えで進めてきました。資料を集めて終わり、整理して終わりではなく、それをちゃんと利用してもらう、使える状態にする。そこまで含めて地域資料サービスですからね」

「そうなのですね。小平市はどのように新聞を管理しているのでしょうか。スクラップなどでまとめているのでしょうか」

蛭田さんは美咲の質問に、柔らかな口調で返答する。

「小平市は、新聞記事を切り抜き、複写、製本して館内で見られるようにしています。さらに索引も作成し、データベース化までしているので、どなたでも検索できるようになっているんですよ」

・小平市立図書館『新聞記事検索データベース』

https://library.kodaira.ed.jp/np/

「データベース化までしっかりとされているんですね。後でサイトを拝見いたします。ありがとうございます……！」

そう美咲が返すと、蛭田さんは目をキラキラさせながらこう話す。

「相変わらずお二人とも熱心で、話のしがいがありますね。……あと、これは提案なのですが、実際にその新聞記事の収集や、利用者に利用してもらうための地域資料サービスを含めて、次は小平市中央図書館を見学されることをおすすめします。私が了解を取っておいて当日ご案内しますので、来てみませんか？」

予想外の提案に、二人は顔を見合わせる。そしてほぼ同時に「いいんですか？ぜひ、お願いします」と返す。

こぼれるような笑みを浮かべながら蛭田さんは言う。

「それでは、小平市中央図書館に連絡を入れておきますね」

「何から何まで本当にありがとうございます！承知しました。まだレファレンス記録は見られていないので、進捗のご報告も含めて、後日こちらからご連絡いたします」

そう話すと、二人は蛭田さんに今日時間を作ってくださったことへの感謝の言葉を表し、改めて礼を述べる。

「では私も楽しみにしています」

「はい、引き続きよろしくお願いいたします！　本日はありがとうございました。失礼いたします」

二人は「会議を終了」ボタンを押し、オンラインツールを閉じると、満足げな表情で顔を見合わせる。今後の展開に心を弾ませながら、パソコンや資料を片付けると、軽やかな足取りで事務室へと帰っていく。

第5章

美咲、地域資料サービスの足がかりをつかむ

知識を深める日々

あれから二人は仕事の合間を縫って、自館のレファレンス記録を眺めている。利用者の質問を見て、そこから小野寺さんや他の同僚が案内した資料を確認する作業を繰り返しながら、レファレンスのイメージを固めたり、その資料から国野市のことをまた新たに学習したりする日々だ。あるときは「こういうレファレンスの場合、どう案内します?」と、レファレンス記録をもとにクイズ形式でシミュレーションをするなど、二人なりに楽しみながら勉強を進めている。このやりとりのおかげで、館内にどんな資料があるのか、以前より理解が進んできた。

とある日、美咲は常連利用者の親子から、「国野市の名前の由来や花、シンボルについて調べたい」とのレファレンスを受けた。美咲はスムーズに蔵書検索を進め、児童書コーナーにある、国野市の名前の由来が理解できる本と、地域資料コーナーにある、東京都内の自治体の花や鳥、シンボルなどがまとめられた本を案内する。

「AとBの二冊が特にわかりやすく書いてあると思います。ただこの、市のシンボルや鳥、花などについて書かれた本は、大人の方であれば理解できると思うのですが……。お子様がご覧になられる際はぜひ、大人の方も一緒に読んでいただけるといいかと思います」

そう付け加えつつ、補足となる資料も一緒に案内した美咲に、利用者は「ありがとうございます」と丁寧にお辞儀をする。そのとき、ふと美咲は（そっか、こういうときに小中学生に向けた資料があったほうがいいってことだよね）

と改めて実感する。

午後になり事務室に戻ると、ちょうど栃木県まで出張に行っていた課長が帰ってきた。栃木名物だという和菓子を各デスクに配る課長に美咲は声をかけ、蛭田さんが小平市中央図書館の案内を提案してくださった、ということを報告した。課長は感心しながら「そうだったんだね。たしかに私も小平市の図書館の取り組みについては研修などで聞くことはあっても実際に見たことはないので……ぜひ地域資料サービスの実際のところを吸収してきてほしいよ。あれだけ精力的に地域資料サービスを充実させているということは、全国からの視察もあるだろうし、いろいろ学べることがありそうだね」と返す。

その言葉を受けて美咲は「利用者ほど図書館を使いこなしている人はいない」という蛭田さんの言葉を思い出す。

「そういえば課長はこれまでにうちの図書館で、何か地域資料に関して印象に残っている利用者や、こういうサービスが必要なんじゃないか……と思ったことはありますか？　私たちはやはり、子ども向けの地域資料をもう少し充実させたいなと思っていたのですが」

「そうだね。地域に関する情報を調べたい、知りたいお子さんは意外と多いよね。夏休みの自由研究で、昔熱心に通ってくれた子もいたなぁ」

課長は遠くのほうを眺めながらそう返し、美咲は「なるほど……。そうですよね、学校の宿題や社会学習で資料を使うケースもありますもんね」とコメントする。少しすると、課長は再び思い出したかのように口を開く。

「あと、仕事の関係で熱心に国野市のことを調べている利用者とは何度か話したことがあるよ。いずれも小野寺さんに対応してもらっているから、私も詳しくはわからないけど……また来週あたりにはいらっしゃるんじゃないかな。そのときタイミングが合ったら、佐藤さんに声をかけるね」

美咲は、以前自分がレファレンスを受けつつも、すぐに小野寺さんにバトンタッチした男性をなんとなく思い浮かべながら「はい、ぜひそのとき対応できれば私がやります」と返す。そして（もしかしたら小野寺さんのメモに、まだ何かヒントがあるかもしれない……）と考える。改めて、メモを見返そうと心に決め、課長からもらった和菓子の袋を開け、口へ運んだ。

小平市中央図書館の、案内の許可が下りる

翌日の定例会で、美咲と由香は、子ども向け地域資料の充実について検討していることを共有した。すると、課長は、以前二人に渡した冊子「運営方針に関するアンケート結果」を改めて見返したようで「たしかに、今はあまり子ども向けのサービスができていないし、利用者の方々が求めていることは充実させる必要があるね」と共感する。

「そうですよね。以前は石川さんも、小野寺さんのお手伝いで、読み聞かせやクイズの企画をしていた……ということはあったので、そういうものも含めて、どういうやり方がいいか、今後考えていきたいと思います」

美咲はそう今後の展望を話すと、蛭田さんからの提案で小平市中央図書館の見学に行けるかもしれないという話も伝えた。すると、すでに話を聞いていた課長以外から、小さなどよめきが起こる。課長は二人の行動を讃えるかのよ

うに「私も二人がここまで積極的に進めていたと聞いて本当に驚きました。ぜひ図書館の代表として話を聞いてきて、後でまた報告お願いします」と話す。会議が終わった後も、片付けながら他の先輩や同僚から「とても進んでいてびっくりしたよ」「その行動力、見習わなきゃ」などと話しかけてもらい、二人は少し照れながら笑顔を向ける。

事務室に戻ると、ちょうど美咲のもとへ、オンライン打ち合わせの後に、蛭田さんへ送ったお礼メールの返信が来ていた。

「先日はありがとうございました。レファレンスの確認などで、お二人は今まさに勉強を進めている最中でお忙しいかと思いますが、私の方は図書館に連絡を入れて、案内の許可を取りました」

美咲がそう音読すると、隣でパソコンの画面を覗き込んでいた由香が「さすが蛭田さんですね！今も地域資料サービスの活動でお忙しいのに、私たちのほうを気遣ってくれるなんて……」と感激している。

「本当だね。だって蛭田さん、今度は関西のほうに講演をしに行くって言ってたよね。そんな忙しい中でいろいろ進めてくれて、本当にありがたいね」

美咲がしみじみとしながらそう返すと、由香は相槌を打ち、自席へと戻る。美咲はカレンダーを見ながら、蛭田さんに日程候補を送るために、パソコンのキーボードを滑らかに叩く。

図書館見学の日程について連絡をとっていた美咲は、蛭田さんから「では、来週の木曜はいかがでしょうか？」との返信をもらった。二人はその日程に同意しつつ、課長に出張許可をとると、やり忘れた宿題がないか、それまでに自分たちにできることがないかを改めて確認する。

「あれ、そういえば以前、小野寺さんのメモが……みたいな話、してましたよね」

由香の発言によって、美咲は自分のやり残していた仕事に気づく。

「そうだった〜！小野寺さんのメモ、後で見返してみなきゃ」

そうつぶやくと、美咲は小野寺さんのメモが書かれたルーズリーフを引き出しから取り出し、パラパラとページをめくる。

その日、業務の合間に何度か小野寺さんのメモを見返した美咲は、とある利用者とのやりとりの後、小野寺さんが調べたであろう記録を目にする。そこには、図書館沿いにある道路が昔は水路だったこと、紅葉や桜が見頃になるタイミングでは国野市内にある大きな庭園についてのレファレンスが増えることなどが書かれていた。美咲は（こういうところから、子ども向けの地域資料のテーマを検討してもいいのかも……）と考えながら、次のページをめくる。

小平市中央図書館へ

ついに図書館訪問の日がやってきた。二人は、小平市中央図書館の取り組みを肌で感じられることにワクワクしていた。午前中のうちに美咲は近くの洋菓子店で手土産を購入し、午後からの訪問に備える。

早めに昼食を済ませると、さっそく準備を整える。今回も念入りに荷物を確認した美咲は、課長に改めてこれから出張することを報告すると、由香とともに「行ってきます」と元気よく事務室を後にする。事前に蛭田さんから案内されていたとおり、途中で西武多摩湖線に乗り換え、最寄の青梅街道駅へと向かう。

「西武多摩湖線って、乗ったことあります？」

「ないかも。埼玉のほうに行くときに、隣を走っている武蔵野線のほうは乗ったことあるんだけど」

二人はそんな雑談をしながら窓の景色を眺め、六分ほどの乗車時間を過ごした。

小平市中央図書館は、青梅街道駅から徒歩で五分ほどのところにある。駅のホームに降りた美咲と由香は改札を抜けると、目の前の交差点の信号を渡り、図書館へとつながる道路の歩道を歩いていく。

「自然豊かで良い街ですね」

由香は歩きながら周りを眺めている。

「そうだね。実は昔、ここから西に十五分くらい歩いたあたりで一人暮らしをしようかなって思ってたことがあって、いろいろ物件を見ていたことがあるんだよね。こっちのほうまでは来たことないけど、なんかちょっと懐かしいなぁ」

「ふふ、もしこの辺に引っ越していたら、小平市の図書館で蛭田さんと出会っていたかもしれないですね」

そう話して笑い合った数秒後、二人は視界に、小平市中央図書館の建物を捉えた。

「あ、あれかな？」

「ですね、きっと！」

薄いグレーがかった大きな建物へと向かう二人のスピードは、少しずつ速くなる。道路沿いの駐輪スペースには、何十台もの自転車が停まっている。その奥の、入り口へと続く広場に差しかかると、三歳ほどの子どもが駆け回り、その近くのベンチに数名が座り、思い思いに過ごしている様子が目に入る。

「一旦このあたりで待とうか。蛭田さんとは入り口のところで待ち合わせすることになってるんだ」

「わかりました！」

美咲が腕時計を確認すると、ちょうど約束の午後一時半になっていた。顔を上げると同時に、由香が「あ、美咲さん。今歩いてくる方、蛭田さんじゃないですか？」と反応する。

蛭田さんは、深いブラウンのジャケットを羽織り、笑顔で美咲と由香の前に現れる。

「蛭田さん、こんにちは」

「こんにちは。……もしかして、少しお待たせしてしまいましたか？」

蛭田さんが二人を気遣うと、美咲はすかさず「いえ、私たちも今到着したところでした」と返しながらお辞儀をする。そんな話をしている間も利用者の方がひっきりなしに横を通り、図書館へと吸い込まれていく。

美咲は改めて「蛭田さん、今回は図書館の方に許可を取って、いろいろと配慮していただきありがとうございます。上司の佐伯も大変感謝しておりました。本日はどうぞよろしくお願いします」と感謝の言葉を述べる。由香も隣で深々と頭を下げ「よろしくお願いいたします」と続く。

蛭田さんは満面の笑みを浮かべると、二人をまっすぐ見つめる。

「いえいえ。お二人とも、話をするたびにどんどん新しいことに取り組んでいるので、私も『今回はどんなことをしたのかな』と楽しみにしていたんですよ。今日の案内が、お二人の今後の地域資料サービスのヒントにつながればと思います。……そういう意味では、私もちょっと背筋が伸びる思いですね」

蛭田さんの言葉のおかげで、より和やかな空気に包まれた三人は、そのままゆっくりと図書館へと歩を進める。

自動ドアを抜けると蛭田さんは、事情を知っているであろう職員の方に話しかけ、三階へと続く階段の方向に二人を促す。二階の展示コーナーでは、ギャラリー展示「小平わがまち風景原画展」が開催されていた。蛭田さんは横を通りながら「今はちょうど、昭和六十一年から六十三年に市報に掲載した「わがまち風景」の原画を集めて展示しているんですよ。三十五年以上前の小平の風景が描かれていて、町の景観もだいぶ変わっていることがわかります」と説明する。美咲もそのコーナーを振り返りながら「たしかに、これって博物館の展示並みの企画ですよね」と返す。

さらに美咲は（これも、地域資料サービスの一環とも言えるのかも。市報に掲載された原画が図書館に残っているのも驚きだけど、絵画も地域資料になるのか……）などと考えながら、階段を一段一段上っていく。

三階の廊下を抜けると、そこには職員のデスクが並んだ事務室が広がっていた。蛭田さんはそこで働く職員に、二人を紹介する。美咲はここで手土産を渡し、職員の方と名刺交換をする。

「本日は貴重な機会をいただきありがとうございます。小平市の取り組みを見られる今日を楽しみにしておりました」

美咲がそう挨拶すると、職員の方も「どうぞ、ゆっくりご覧になっていってください」と親切に返答する。

『利用』の意味を知る

その後美咲と由香は案内された応接室へと入ると、蛭田さんから前提の話を聞かせてもらう。

「今日はこれからいろいろと歩いて見てもらおうと思いますが、小平市中央図書館で特に私が意識していたことを先にお伝えしておこうと思います。それが先日のオンラインミーティングで話した、『利用者に利用してもらう、利用のためのサービスを提供する』ということなのですが……具体的に『利用のために』を念頭においた結果、どういうことをしているのかをこれから見ていただこうと思います」

蛭田さんがにこやかな表情でそう話すと、美咲は「はい。ありがとうございます」と返す。そして蛭田さんは、二人の目を交互に見て、これまでの取り組みについて、丁寧に確認する。

「メールでも少しご報告いただきましたが、あれからまた蔵書の確認をしたり、レファレンスについてもじっくり見返して勉強されたりしていたみたいですね」

「私たちなりに、できることをしてみました。あの後、いつも図書館にいらっしゃる親子の利用者から地域資料に関するレファレンスも受けまして、児童向けの資料をもっと作成していったほうがいいのではないか、という気持ちがやはり強まっています」

美咲は、大人向けの地域資料を案内せざるを得なかったこと、そのために歯がゆい思いをしたことも報告すると、さらに胸中を打ち明ける。

「とはいえ、そこからどんなサービスを考えていけばいいのかわからず……。子ども向けの地域資料になりそうな図書を集めたり、新聞記事をピックアップしてスクラップしたりする案は、素人ながら出るんですけど、その作業をする手前の業務も想像できなくて、あまりピンとこないと言いますか……」

美咲がうつむきがちにそう話すと、蛭田さんは温かな眼差しを向けながら優しくフォローする。

「そうですね。いろいろと課題が浮き彫りになったからこそ、あれもやらなきゃこれもやらなきゃ、と思う気持ちはわかります。でも、あらゆることに手を出しすぎるとどれも中途半端になってしまうかもしれません。まずはひとつのことについて優先的に取り組んでみる。そして、やりながら軌道修正していけばいいんです」

美咲の心は少し軽くなった。蛭田さんはさらに「最初から『これだ』というものにたどり着けるとは限りませんからね。やりながらより良い方法に近づいていけばいいじゃないですか」と朗らかな表情で補足する。

すると由香が、蛭田さんのほうに身を乗り出しながら、ひとつの疑問を投げかける。

「蛭田さんも、最初に地域資料サービスを実践した際、大変な思いをしたり、混乱されたりしたことはあるのでしょうか？」

蛭田さんは数秒間考えると、当時のことを思い出すようにゆっくり話し始める。

「私は最初、多摩地域の多くの図書館で実施していて小平で取り組めていないことから、勤務の一時間だけと決めて、新聞の切り抜きから始めたんですよ」

「勤務の一時間だけ。無理しないやり方を決めていたんですね」

そう由香が相槌を打っている間、美咲は（そもそも、新聞記事ってどういうときに役立つんだろう？）という疑問が浮かび上がってきた。

「あの、蛭田さんすみません。新聞記事って、どういうときに役立つんでしょうか？ これまでどういうふうに利用される方がいたのか。特に子どもの場合が想像できなくて……ぜひ聞かせていただきたいです」

実は美咲が国野市立中央図書館に来たばかりの頃、近隣の小学校から「新聞記事を用いて、社会科の学習活動を進めたい」という相談の電話を受けたことがあった。そのときは電話を受けることに精一杯で、先輩にすぐにパスをしてしまったが、当時の活動が、子どもたちにとってどんないいことがあったのか、美咲はまだはっきりとは理解できていなかった。

「そうですね。具体的な課題としては、その子の誕生日の新聞記事のコピーを取りに来るという事例があります」

美咲は、予想外の用途に驚き「何かの記念日やお祝いごとにぴったりの活用方法ですね」と反応する。由香も「そういう使い方、すごくいいですね！ 私も自分の誕生日にどんなことがあったのか知りたくなってきました」と目を輝かせている。

「はい、ぜひお時間があったら、窓口で聞いてみてください。朝日新聞の縮刷版なら昭和三十五年六月から所蔵していますから」

蛭田さんは微笑みながらそう話す。

「他には、小学生が新聞記事を見ることで、教科書で学んだことと、社会で起きていることがしっかりつながっているんだと認識できる。それが、知識を広げる楽しさにつながったりしますよね」

「自分の知識と、新聞……つまり世の中の出来事が結びつく面白さってことですね」

そう返しながら美咲は（私たちが、『司書トレ』で見たことと蛭田さんの話がリンクしていたり、蛭田さんのアドバイスが、利用者とのレファレンスとリンクしていたりすると、成長を感じて嬉しくなるのと同じことだよね）と、自分なりに解釈する。さらに美咲は、当時電話を代わってくれた先輩が、小学校の先生とのやりとりで「授業中に、新聞記事をひとつ取り上げて話し合う時間を作るのはどうか？」と提案していたことも思い出した。

「それに、新聞を起点にいろんな展開もできますよね……？　ひとつの新聞記事をテーマに、周りの人と話し合うことで新たな発見があったり、知識を共有したりしながら考える面白さのようなものも感じられそうだと……思いました」

自分の思考を整理するようにそうつぶやく美咲を、蛭田さんは見守りながら、さらに続ける。

「子どもだけでなく大人でも、『自分が生まれた日の新聞を見たい』という声は結構あります。ちなみに、地域資料としての新聞記事は、小平市に関するさまざまな報道が対象です。小平市の図書館開館の記事や、災害の記事、交通機関やごみ処理の問題などの事例が記録されています」

すると由香が「そういえば以前、豪雨が一カ月に何度か続いたとき、これまでの河川の氾濫や水害について報道されたものがないかとレファレンスを受けたことがあります。そういうときに、小平市であれば情報がすぐに提供できるんですね」と、蛭田さんの発言を受けて反応する。

「そうですね。そして現在この新聞の切り抜きは、市内の他の図書館と役割を分担して進めるようになっているんです。利用者の反応や、需要の高さを市全体で認識して、協力体制を築いていく……理想的な流れができました」

美咲はここでも、数日前に見返した『司書トレ』に「収集分担」という言葉があったことを思い出した。

（やっぱり図書館間の仕事の分担とか協力も、地域資料サービスを精力的に進めるうえで大事な要素なんだ）

そう考えていると、由香も「協力、協働も大事ですよね」と共感する。

「そうですね。やはり自分一人では限界がありますので、周囲の力を借りる、というのも大事でして」

蛭田さんはおもむろに立ち上がり、隣の部屋から資料の束を取ってくる。

「お二人が子ども向けの地域資料に興味を持たれていると聞いていたので、私たちが昔に制作し、今ではデジタルアーカイブで広く公開している『こだいらとしょかん　こどもきょうどしりょう』を例にお話ししようと思って、持ってきました」

「ありがとうございます。あ、これも『司書トレ』で触れられていましたよね」

美咲はすかさずそう反応し、目の前にずらっと並べられた小冊子に視線を落とす。

「そうです。こちらは小平市の歴史や地名の由来、鉄道や食生活などさまざまなテーマを取り上げて、平成二年から七年の間に作成した子ども向けの地域資料です。見ていただければわかりますが、全部手書きなんですよ」

蛭田さんに促されるまま、美咲と由香はそれぞれ気になった冊子を手に取る。ページをめくりながら由香は「え、ふりがなも全部入ってますね！このキャラクターはオリジナルですか？かわいいですね！」と素直に反応する。蛭田さん曰く、登場するねこ・きつね・いぬ・ぶたなどのキャラクターも含め、当時の職員さんが描かれたのだという。

「当時はこの図書館で、子ども向けの地域資料が少ないという課題があったので、それを解決するために作り始めたんですよ」

二人は、今の自分たちと同じような環境が、かつてこの図書館にあったことに小さな衝撃を覚えた。

「それで毎回テーマを決めて、子どもたちが理解しやすい情報をまとめていたのです。ただ、メインで執筆していたのはもう一人の担当で、私はそのサポートをしていたんですよ」

「ちなみにどんなサポートをされていたのですか？」

由香は『こだいらとしょかん　こどもきょうどしりょう』の完成度の高さに感激している様子で、蛭田さんに前のめりに尋ねる。

「私がかかわっていたのは、事実確認のところです。当時の担当者は、調べたりまとめたりするのが見てのとおり上手で、ただ、それが歴史的事実として間違っていないかを検証するだけの自信はなかった。そこで、古文書の整理を担当していて小平の歴史についても知っている私が、文章の校正とルビ振りを受け持つことになりました」

「そんなことがあったんですね」

「だから、二人体制で、役割を分担する。間違えるのはもちろん良くないですが、間違いを指摘されたら後で修正・訂正すればいいという姿勢で、とにかくスタートしたんです」

美咲は先ほど蛭田さんが話していた「まずはひとつのことを見つけて、取り組んでみる。そして、やりながら軌道修正していけばいい」という言葉の意味を、ようやく理解できた気がした。そして、自分たちが二人で地域資料について学んできたことの意味も、ここにあるように思えてきた。

蛭田さんは「さらに、この資料の作成には工夫があります」と続ける。

「新聞の切り抜きでも『一時間と決めてスタートした』と話しましたが、こういう取り組みは、とりあえず出してみればいいというものではない。続けることも大事なんですよ。続けるために、効率的な進め方を考えた結果……情報収集しやすいものからテーマとすることにしたのです」

「そういう部分でも、限られた時間の中で進める工夫があったのですね」

美咲がそう返した直後、由香が「でも私たちには、歴史に詳しい人もいないですよね。やはり、二人でとにかく全力を注ぐことにしましょうか」と美咲に笑いかける。

すると、蛭田さんが新たな提案を口にする。

「他人の力を借りる、という意味は、何も同僚や先輩に限らず、先ほど話したような他の図書館の方、そして、博物館や郷土資料館の職員や、以前話した市役所の広報課や観光協会、あとは文化財課などの協力を仰ぐこともできますよ」

美咲の視野は一気に広がった。由香も、隣で「市役所、博物館や郷土資料館……そうですよね！専門家の方とつながって進めたほうがいいし、地域資料って図書館の人たちだけでどうにかできるものじゃないですよね」と、自分に言い聞かせるように話している。

「それに、利用者や地域の方々にサポートしていただく方法もあります。私も地域資料サービスを通して利用者とコミュニケーションを深める中で『地域の力になりたいと思ってくださる人は、多い』と気づいたんです。もし、熱心に地域資料を見られている方や、協力を名乗り出てくださる方がいたら、お声がけしてみてもいいかもしれません」

美咲は以前、蛭田さんが「利用者と一緒に成長すればいい」と話していたことを思い出した。当時はレファレンスを受けながら成長していこう、という意味で捉えていたが、（利用者と協力しながら成長して、地域資料サービスを充実させていく側面もあるんだな……）と新たな気づきを得た。

蛭田さんは、美咲と由香がメモを書き終えたタイミングで、「ではすみません、事前の説明に時間をとってしまいましたね。館内を見に行きましょうか」とこちらを気遣いながら立ち上がる。

「利用のための地域資料サービス」を目の当たりにする

二人は蛭田さんの後について、二階のエリアへと足を踏み入れる。すると、入り口を抜けたすぐのところで蛭田さんが、左側にある棚を指差す。

「まず入ってすぐのところに地形図があります」

「この棚一面、全部地形図なんですね！……あれ？　私が先日家族と行ってきた長野県の地形図もありますが……なぜこんなに広範囲に収集しているのですか？」

首をかしげながら問いかける由香に、蛭田さんはにこやかに解説する。

「私は大学時代に歴史学を専攻して地形図の重要性を認識するとともに、研究者だけでなく一般の利用者に利用してもらうための戦略があったからということでしょうか。何よりも最近では書店が少なくなってしまい、地形図を常備している書店はほとんどありませんので、利用者が入手しにくい資料になっています」

美咲は一拍おいて、恐る恐る「すみません、それでも、地形図が利用されるから置かれているんですよね。地形図がどのように活用されるのかがあまりわからず……活用例を教えていただいてもよろしいでしょうか？」と尋ねる。

「まず地形図は、歴史や地理を研究する方にとって欠かせない資料なんです。小平市には現用の地図だけでなく、明治時代からの地形図もあります。明治時代には山や農地だったところが、昭和には住宅や道になった、などの景観の変化もわかる」

蛭田さんは棚にあった地図をひとつ取ると、いきいきとした表情で返答する。

「研究の中で、資料をもとにその土地を立体化して捉えられる地形図はすごく役立つんですよ。小平市には広いエリアの地形図が揃っているので、遠くからこの地形図を求めて来る方もいます」

美咲は、以前利用者から地形図に関するレファレンスを受けたことを思い出した。その資料は、自館では集めていない時代のものだったことから、美咲は近隣図書館を調べてみたが、貸し出す図書館は見当たらなかった。その方は「自分で探してみます」と返答し、国野市立中央図書館を後にしたのだった。蛭田さんにそのことを話すと「たしかにその場で見て、他の資料も眺めながら、調べものをする人はいらっしゃいますよね」と返す。

「地形図に限らず、特に研究をしている方は、特定の資料を求めて、ホテルの予約をとってわざわざいらっしゃることもある。その場で資料を見て、他の資料でいいものがあればそれらも使いたい。『あの資料がなかった』となって、また来ていただくような手間をかけないためにも、私たちはさまざまな資料を整理して、データベース化したり目録を公開したりしているんです」

美咲は、利用者のことを思い浮かべながら話す蛭田さんの目を、まっすぐ見つめる。

「やはり、図書館が資料を持っているだけでは『利用』できない。貸し出しができなくてもせめて、どんな資料が図書館にあるのかがわかるようにはしなければ……という使命感でやってきました」

にこっと二人に笑いかける蛭田さんの言葉に、二人はふと、閉架に眠っている特別文庫や新聞紙の山を思い出した。美咲は（たしかに、持っているだけじゃ意味がないよね。あの資料があるっていうことだけでも、まず利用者に伝えなきゃいけない）と、国野市の課題を改めて再認識する。

すると由香が「ではこの地形図は、研究者以外はあまり使わないのでしょうか？」と素朴な疑問を投げかける。蛭田さんは解説する。

「実はこれは、災害リスクを考えるためにも非常に有用です。過去に山だったところや、当時河川が広がっていて今は埋め立てられているところなど、過去と現在を比べることで地盤の問題なども考えることができますよね」

「なるほど……。たしかに地震の後に液状化したエリアって、昔は海だったり沼だったりしたところですよね。そういう情報もわかる、と」

「そうなんです。だから家を買う方は、地形図からの情報収集は欠かせないはずです」

蛭田さんと由香のやりとりを聞いて深く納得した美咲は、おもむろに昔見たテレビ番組を思い出す。

「そういえば以前、地形図を頼りに、山奥に昔あったという民家を探しにいく……といった番組を見たことがあります」

「あれは面白い番組ですよね」

「昔の地形図を見る限りでは、そこに民家や井戸があった形跡があるものの、今は何もない。まさに地形図で昔と今をつなげながら情報を手繰り寄せていくことができるんだな、とそのとき思った記憶があります。目的は違うものの、使い方は似ているところがあるのかなと感じました」

美咲の言葉を聞きながら、由香は「地形図を見ながら実際に山を歩く……なんというか、そこまで実践的に使えるものでもあるんですね」と感心している。すると蛭田さんは大きくうなずき、由香の言葉に返答する。

「そうなんです。私が先ほど戦略と申し上げたのは登山やハイキングに欠かせないのが地形図だからなのです。登山やハイキングをする人が主な利用者なんですよ」

二人はさまざまな使い道と、地形図が多くの人に利用される需要の高い資料だということを理解した。

そう話していると、美咲が地形図の裏に付いているバーコードに目を向ける。

「あ……これって貸し出しできるようになっていませんか？」

「そうなんです。地形図は他の図書館であれば広げてマップロッカーに保管されていて、館内でしか見られないようになっていることも多いと思います。しかし、貸し出しまでできたほうが利用者にとっては便利だろうと考え、その仕組みを作りました」

蛭田さんはそう解説しながら、貸し出しや返却がスムーズにできるよう、地形図本体には、ケースに印字されたものと同じバーコード番号を記し、ケースには地図のタイトル、背表紙もつけて管理していることを説明する。棚に並べたときに整理しやすいよう背ラベルも貼っているとのことで、それらをすべて見せてくれた。

「あとは、これらが小平市の図書館の蔵書であることも示さなければならない。だからケースだけでなく地図の余白にも、「小平市中央図書館蔵書」といったスタンプを押して表記しているんですよ。いろんな図書館から地形図を借りたり、小平市から何点も借りたりしても、これなら資料を間違えて返却するトラブルを軽減できますよね」

美咲は改めて（ここまで『利用』のために徹底しているとは……）と静かに衝撃を受けている。由香は、「たしかにちゃんと利用できるような仕組みさえ作ってしまえば、『館内だけ』といった縛りなしに、自由に皆さんに使っていただけるようになりますし、返却の作業も効率化できますね」とキラキラとした瞳で話す。

蛭田さんは、二人の反応に頬を緩めると、地形図のすぐ奥の棚へと誘導する。

「あとはこの部屋をご覧いただければわかるとおり、地域資料は独自の分類表を作成するとともに、地理区分をしています。資料の配列は分類ごとの地理区分順にしています。特に地理区分は、市町村ごとに個別の番号を付けているのが大きな特徴です。小平市の図書館のホームページでもその分類表が載っているので、後でゆっくり見てみてください」

小平市中央図書館における地域資料の独自の分類方法

【地域資料分類表】

	0	1	2	3	4	5	6	7	8	9
A	-	図書館	書誌・目録	事典	論文・雑著	年鑑・雑誌	団体・機関	新聞	叢書・全集	-
Z	-	玉川上水	新田開発	鷹場	代官	戦災	新選組	-	-	-

【地理区分表】

00 東京（江戸）
01 武蔵
02 武蔵野
03 多摩
09 姉妹都市
10 小平市
⋮
98 九州・沖縄
99 外国

「地域資料分類表-地理区分表」という組み合わせで表示する。
小平市内の「玉川上水」に関する地域資料なら…「Z1-10」

・小平市立図書館『地域資料分類表』

https://library.kodaira.ed.jp/reference/local.html#localr

「ここまで細かく分類しているんですね。『司書トレ』でも分類については触れられていたので、なんとなくわかっていたつもりでしたが……。実際に棚を目の前にすると、いかにこの分類が本を見つけやすくしているのかがよくわかります」

美咲は、棚の前を行き来し、興味深く背表紙を眺めながらそう反応する。そして、以前小野寺さんが、どこかの図書館の分類を参考にして先輩方と地域資料を整理したことがある、と話していたことを思い出す。（もしかしたら、小平市のことも参考にしていたのかも……）など考えをめぐらせていると、由香が別の棚を指差し、蛭田さんに話しかける。

「すみません蛭田さん、これが、以前データベース化もしていると話していた新聞ですよね」

「そうですね。地域の方が見られるように、複写製本してまとめています」

「ちなみにスクラップではなく複写製本にしていることも、意味があるのでしょうか？」

資料を眺めていた由香が、蛭田さんのほうに視線を向ける。

「多くの図書館はスクラップブックにしていますよね。でもここでは新聞を切り抜いて台紙に貼り、分類と書誌情報を書き込んで、分類の日付順になるように整理し複写、製本しています。原本は別にあるので、その劣化も防げますし、製本していることで開架に配架できるんです」

「より多くの情報を、『読みやすい形』で提供できている……ということなのですね。利用者のことも考えて、この形式になっている、と」

また別の冊子を手に取りながら、由香はさらに「ちなみにこれって、新聞社的には問題ないのでしょうか。著作権など少し気になって……どうされているのかなと思いました」と問いかける。蛭田さんは「そこまでの意識を持たれているとは」と感心しながら補足する。

「私たちは、この取り組みを始める際に、新聞社に連絡をとって許諾を得ています。著作権はクリアしてから進めているんですよ」

「そうだったんですね」

二人が深く納得し、由香の隣で美咲のメモが書き終わる様子を見て、蛭田さんは数列横の棚へと向かう。二人も静かに、その後ろについていく。

「そうそう、学校関係の資料もここにありまして、市内の学校の、沿革史や周年記念誌があり、その学校が発行している学級文集や読書感想文集、運営についてまとめた『学校要覧』なども揃っているんですよ」

美咲は、蛭田さんの説明を聞くと「文集までですか。ここまで集めている図書館は、珍しいですよね？」と投げかける。蛭田さんはゆっくりうなずくと「そうかもしれません。これも、各学校に地域資料サービスについて理解いただいて、定期的に資料を送っていただいているから成り立っているんです」と返答する。

「あと、このあたりに並んでいる資料はですね……時代の変化によって、教育がどのように変わっていったかが理解できる『小平市教育史資料集』ですね。このようにいろんな資料があるので、学校から協力の相談をいただくことも多いんですよ」

「協力の相談、ですか？」

ピンと来ていない様子の美咲を見て、蛭田さんはさらに続ける。

「たとえば、学校の周年記念誌編さんのときですね。先ほど話したような資料には、歴史的に貴重な記録や情報が詰まっているんです」

「なるほど。学校の歴史や出来事を、それらの資料から参照しながら作成できる。たしかに学校でその情報を一から整理するより効率的ですね」

蛭田さんの説明に納得している美咲の横で、由香は、ある一定期間だけ、小野寺さんが近隣の小学校と何度もやりとりしていたことを思い出した。由香がそのことを美咲に伝えると「たしかにあのとき『五十周年の～』みたいな言葉が出ていたような気がする……。私たちも今後、そういう仕事に積極的にかかわっていくということですよね」と蛭田さんを見つめる。

「そうですね。図書館としてそういった情報をしっかり整理して提供できる状況にあれば、学校も信頼してご連絡してくださると思いますよ」

にこやかに返答する蛭田さんは、学校資料の棚をチラッと見る。

「あとは、小学校や中学校向けの社会科副読本をどこの市町村でも作っていますよね。その制作時にご連絡をいただくこともあります」

由香は「副読本……あ、私が小学生のとき、社会の授業で使っていた資料集がたぶん、それだったと思います」と、当時を思い返すようにゆっくり発言する。「副読本って、教科書を補完するものとして使われたりしますよね」と美咲が返すと、蛭田さんは「そうですね。社会の授業であれば、教科書の内容に合わせて、その地域の事例を副読本にまとめたりする。児童の学習をサポートする役割がありますね」と補足する。

「ということは、小平市に関する情報が充実しているために、副読本を制作する際に情報提供などの相談があるということですね？」

すっきりとした表情でそう確認する由香に、蛭田さんはこう返答する。

「そうですね。小平市は、学校ごとの過去の副読本まで集めているので、それらも見て考えたいのだと思いますよ。こういうやりとりを通して、間接的にですが、地域で暮らす児童の学びも助けていることになり、私なりのやりがいを感じていました」

蛭田さんの言葉に、美咲はまたしても「地域連携」という言葉を思い出す。(学校の資料を定期的に送ってもらい、図書館側は周年記念誌や副読本の制作で協力する。本当に助け合っているんだな)などと考えていると、目の前の分厚い資料が目に入る。

「あ、蛭田さんすみません。この『小平市史料集』というものですが、これももしかして貸し出しができるのでしょうか?『禁帯出シール』が貼られていないですよね」

美咲が疑問を示すと、蛭田さんは嬉しそうに口角を上げる。

「そうなんですよ。こういった資料を『大事だから貸し出しできない』とこちらの都合で制限するより、やはり私たちは利用してもらうことを優先したい。なるべく貸し出し厳禁の資料を少なく運営できるよう、職員やボランティアさんの力を借りながら実現してきたんですよ」

資料に温かな眼差しを向ける蛭田さんの横顔を見ながら、美咲は(『利用』という言葉が一人歩きしないで、その意識がここまで反映されているなんてすごい。蛭田さんをはじめ、他の職員さんも精力的に進めてきた結果なんだろうなぁ)と改めて実感する。そして、以前『司書トレ』で見た、「地域資料サービスは、担当者だけではできない」という言葉の意味が、ようやくわかった気がした。

その後は地域資料以外のコーナーもひととおり案内してもらい、再び蛭田さんと二人は、三階の応接室へと続く階段を上っていく。

子ども向け地域資料サービスの充実に向けて

「蛭田さん、先ほどはいろいろとありがとうございました。実際に小平市中央図書館の地域資料サービスを見て、『利用』のためにどのような活動をしてきたのかがよく理解できました」

美咲が感謝の言葉を述べると、由香と同じタイミングで深くお辞儀をする。

「いえ、こちらも次々と話してしまったので、ぜひ職場に帰られて何か気になることが出てきたら、ご連絡ください」

蛭田さんの温かな言葉に、二人は再びお辞儀をしながら「ありがとうございます」と返す。ひと呼吸おいて、美咲が今回の学びを改めて口にする。

「本当に素晴らしい取り組みを見させていただき……『周囲の力を借りる』というアドバイスも、同僚や先輩方だけではなく、近隣図書館や博物館、市役所など、私たちが想像もしていなかったところまで教えていただき、視野が一気に広がりました」

美咲に続けて由香も「私たち、いろいろと考えが凝り固まっていたんだなと、蛭田さんにアドバイスをいただいて、ようやく気づきました。それに、地域資料のスペシャリストの方に直接図書館を案内していただいて、もう感謝しかありません！」と素直な感想を述べる。蛭田さんは朗らかな表情で「そこまで言っていただけるとは、ありがとうございます。何かしらお二人がヒントを得られたのならよかったです。……となると、やはり今後は子ども向けの地域資料をやられるのでしょうか？」と問いかける。

　由香がチラリと美咲に目を向けると、美咲も視線を合わせ、ゆっくりうなずく。

「そうですね。上司や同僚に報告しながらですが、やはり子ども向けの利用者サービスが優先ではないかと思います。先日自分なりに調べたんですが、あまり国野市の子ども向け地域資料が図書としてはなさそうなので……それこそ手づくりで資料を作る可能性も高いと思っています」

　蛭田さんは満面の笑みで、美咲の話に耳を傾けている。

「もちろん二人でこれから話し合ってからですが……具体的に何をやるかを考えて、その後、適宜市役所の方や近くの博物館にご連絡してみます。あと、ちょうど熱心な利用者がいるという話も上司から聞いているので、ご縁があったらその方ともいいお話ができれば……本当に、私なりの理想なのですが」

　少し照れた顔で話す美咲に、由香は同意する意味で深くうなずく。その後美咲は少し曇った表情に変わり、恐る恐る蛭田さんに尋ねる。

「それで、先ほどここで拝見した『こだいらとしょかん　こどもきょうどしりょう』を参考にさせていただきたく……もし可能であればコピーをとらせていただいてもよろしいでしょうか？」

　蛭田さんは瞳を輝かせ、テーブルの端に重ねていた資料を二部、手に取る。

「もちろんです。というよりも、この資料はこのままお二人に差し上げるつもりだったんですよ」

　二人は目を丸くしている。

「ですのでこちらをぜひ持ち帰り、同僚や先輩の皆さんにもお見せして、参考にしてください。ただ、もちろんお二人のできる範囲で、なるべく周囲を頼りながら。負担が大きくなりすぎないようにしてくださいね」

優しく美咲と由香をいたわると、二人は恐縮しながら感謝の言葉を口にする。

時計を見ると、午後四時をまわるところだった。二人は事務室にいた職員さんたちにも挨拶を済ませると、足早に階段を下っていく。蛭田さんは丁寧に図書館の出入り口まで同行する。

「本日はありがとうございました。この後は実践で……またそのご報告をさせてください」

美咲に続けて、由香も「いい報告ができるように頑張ります」と明るい表情で宣言する。蛭田さんは目を細めながら「ええ。ご連絡、楽しみにしています」と返した。

訪問での学びを実践する

「ただいま戻りました」

事務室の扉を元気よく開けると、入り口付近にいた職員が「おかえりなさい」と笑顔で反応する。二人が自席に戻ると同時に、美咲のもとに課長が歩いてくる。

「佐藤さん、お疲れさま。図書館見学はどうだった？……ということを本当はまず聞きたいんだけど、ちょっと一旦、利用者の件で用があって、今いいかな？」

課長に促されるようにカウンターに向かうと、以前、美咲がレファレンスを受けたものの、すぐに小野寺さんにバトンタッチしたときの利用者が見える。歩きながら課長は「前に佐藤さんに、地域資料に熱心な利用者がいる、と話したと思うんだけど……その方がちょうどいらして、さっきまで私が国野市の地図についてレファレンスを受けていたんだよ。ちょうど佐藤さんが戻ってきたから、挨拶だけでもしておいてほしい」と美咲に告げる。

「ありがとうございます。以前私もレファレンスというか……少しだけ話したことがあるので、ご挨拶できる機会があってよかったです」

課長が利用者に改めて声をかける。

「ああ、すみませんお待たせしました。こちらの佐藤が、先ほど話していた新しい地域資料の担当者で……」

「佐藤美咲と申します。よろしくお願いいたします」

美咲がお辞儀をすると、その男性は「よろしくお願いします」と丁寧に頭を下げる。話を聞くと、半年ほど前に勤めていた千葉県の会社を退職し、地元である国野市に戻ってきたのだという。さらに、地域のニュースを届けるウェブメディアを立ち上げ、情報収集のために度々この図書館を訪れているらしい。

美咲は受け取った名刺をまじまじと見ながら、勇気を出して「あの……」と切り出す。

「まだ検討段階ではあるのですが、この図書館で、子どもたちに国野市のことをもっと知ってもらうための活動をしようと思っていまして」

隣の課長は、美咲の積極的な姿勢に驚きながらも、頬を緩ませて見守っている。

「もし今後、何か冊子やパンフレットなど、子ども向けの資料を作ることになったとき、作り方や見せ方などで、ご相談させていただいてもよろしいでしょうか？ あの、急な提案で申し訳ございません」

ペコペコと頭を下げる美咲に、男性は「もちろんです」と返す。

「そもそも私は、地元のためになることをしたくてここに戻ってきたんですよ。地元の方、地域の方とつながれるのは、私にとってもありがたい機会です。もしそのアイディアが固まってきたら、名刺に書いてあるアドレスか、電話番号にぜひご連絡ください」

その後、以前まで男性の対応をしていた小野寺さんの話などを中心に十分ほど談笑した。事務室に戻った美咲は、小平市中央図書館での蛭田さんからのレクチャーと、先ほどの男性との話を振り返り、満ち足りた気持ちでいっぱいになった。

エピローグ

「美咲さん、こういう感じで作ってみたんですけど」

木々がうっすらと赤や黄色に色づく秋の日。由香は事務室で一枚の紙を手渡す。

「え、すごいね。由香ちゃん、こんなことまでできるんだね。ありがとう」

「へへ。趣味でちょっとだけやっていたんですよね〜！まさかここで活きるとは」

ニカッと笑う由香に、美咲も笑顔を向ける。


あれから二人は定例会で、『利用』を体現する小平市中央図書館の地域資料サービスの様子を報告した。蛭田さんにいただいた『こだいらとしょかん　こどもきょうどしりょう』も見せながら、自館の現状、利用者とのやりとりやレファレンス記録から「子ども向けの地域資料サービス」への取り組みの必要性を改めて説明した。そして、特に需要が高いテーマから、毎月一回、手づくりの子ども向け地域資料を作成することになった。

あわせて、何度か近隣図書館から取り寄せている、地域資料に関連した図書は、自館の蔵書とするべきではないか……と、購入の提案も実施した。さらに今後は、以前蛭田さんからアドバイスいただいたように、近隣図書館との連携も視野に入れ、蔵書を検討するべきだと考えている。


美咲と由香が最初にテーマとしたのは、小野寺さんのメモにも記載されていた、市内にある庭園の名前の由来についてだ。庭園の情報も多分にあるため、二人にとって取りかかりやすい。さらにこれからの季節、庭園のレファレンスが増える傾向にもある。Ａ４サイズの紙を半分に折り、見開きのパンフレットのようなかたちにしてまとめることにしたのは、蛭田さんからの「できる範囲で」とのアドバイスを参考にした。最初からページ数を多くして、制作の負担が大きくなりすぎると、継続が難しくなると考え、課長とも相談しながら決めた。

「あ、課長」

ちょうど横を通りかかった課長に由香が声をかける。子ども向け地域資料の第一弾の試作ができたことを告げると、その紙を課長に見せる。

「おお、これが例の……！　よくできているね。定例会で話していたとおり、このデザインは石川さんがやったということかな？」

「はい！　趣味で使っていたデザインソフトがあったのでそれを使ってやってみました。ただ、構成や情報収集、文章は美咲さん中心で、紙面の見せ方や情報のチェックは、以前美咲さんが名刺交換をした利用者の方にも相談させてもらいながら進めたので……」

「いろんな人の力を結集させて、これが作られたんだね」

課長は、パンフレットをじっくり眺めると、ひとつの提案をする。

「そうだ。せっかくだし、この資料に書いてあることが断片的にでも学べる蔵書があったら、それも端のほうに記載してみてはどうかな？　この資料をきっかけに、庭園についてさらに知りたいという人が出てきたら、それを参考に本を読んでもらえると思うよ」

美咲は由香と目を合わせ、課長の意見に同意する。

「たしかに……利用者にとって役立ち、次の調べものが広がる情報は載せたほうがいいですよね。最後のページにまだ余白があるので、そこに入れてみます！　ありがとうございます」


その週の定例会では、課長からの改善ポイントも取り入れた、修正版の子ども向け地域資料の第一弾を配った。

「人数分はないのですが、五部ほど用意したので、順番に皆さんでご覧になってみてください。そして、何か意見があればぜひ教えていただきたいです」

美咲の声を合図に、手づくり地域資料が配られる。会議に参加した同僚や先輩方からは感嘆の声が漏れる。「こういう経緯で、庭園の名前が決まったんだね」「昔、あの辺にはこんな地名があったんだ。初めて聞いた……」などと、素直なリアクションも見て取れる。

そして、紙面を作り上げたこと、情報をまとめてパンフレットに落とし込んだことそのものにもポジティブな反応をもらい、二人はほっと胸を撫で下ろした。

「二人とも、よくここまで進めてくれました。佐藤さんと石川さんが積極的にものごとを考え、動いていく姿は非常に心強かったです。そして私たちも、地域資料の取り組みをきっかけに自館のことを見つめ直したり、蔵書を把握し直したりと、貴重な機会を得ることができたと思います」

課長はそう切り出すと、地域資料の今後についてさらに続ける。

「この図書館の地域資料サービスは、以前二人が問題視していたように、昔の新聞や、特別文庫になりそうな資料も手付かずで、事業もまだまだやりようがありそうです。今回の取り組みをきっかけに、他の取り組みも広げていけるようにしていってもらえると、すごく嬉しいです。そして、この資料は今週末、土曜日から、さっそくコーナーに置きましょう！　利用者の反応も楽しみですね」

静かに課長の話を聞いていた美咲と由香は、パッと顔が明るくなる。そして「はい、ありがとうございます。最終見直しをして、印刷に備えます！」と力強く応じた。

蛭田さんに、嬉しい報告をする

「ついにですね」

開館準備をしながら、出来上がった手づくりの子ども向け地域資料を、カウンターの横と、児童書コーナー、地域資料コーナーの棚に置いた美咲と由香は、感慨深い気持ちになっている。

「そうだね。誰か一人でも手に取ってくれる人がいたらいいな……」

美咲は本音をつぶやく。資料には、子どもが楽しく読めるよう、女の子と猫のキャラクターを登場させ、最後のページには四コマ漫画を入れている。改めて読み返し、由香は「ここまで作り込んだんですから、きっと大丈夫ですよ！　さ、そろそろ開館ですよ」と弾んだ声でカウンターの席に着く。

この日は週末ということもあり、小学生を連れた利用者も多かった。資料を置いたエリアを、美咲はチラチラと気にしながらカウンター業務を進めていた。

するど午後、二人の子どもと、その親と思われる女性が美咲に声をかける。

「あの、すみません。このパンフレットなんですけど……」

「はい、どうされましたか？」

そう聞き返しながら美咲はドキドキしている。（何か間違いがあったのかな……？）と内心では焦っていると、女性は「これは、定期的に発行しているものなのでしょうか？ 初めて見たような気がして」と尋ねる。

話を聞くと、お子さんが今度学校で取り組む調べ学習で、市内の庭園をテーマにしようとしているらしい。ちょうどこのご家族は、庭園の裏に住んでいるとのことで、お子さんにとって身近な庭園についてまとめられた資料を探していたのだという。

美咲は嬉しそうに「こちらは毎月発行する予定の、国野市について知っていただくための、お子さま向けのパンフレットとなっています。こちらが第一弾なのですが、次回は来月のちょうど今くらいにまた発行する予定です。テーマは違うんですが」と答える。

女性は、次のテーマについても興味津々の様子だ。美咲は、お子さん二人にも話しかけ、今、学校で学んでいることと、遠足や屋外活動でどんなことをして、どんなところに出かけたのかを聞いている。

「いろいろ聞かせてくれてありがとうね。私たちも、小学生や中学生が興味を持っていること、知りたいことをこのパンフレットでお届けしたいので、これからも、国野市で何か気になる場所やイベントがあったら、ぜひ教えてくださいね」

美咲の言葉に「うん！」と元気にうなずく子どもたち。子ども向け地域資料を大事に持ち、ご家族は図書館を後にする。

美咲が三人を見送り、カウンターに戻ると、由香が「やりましたね！」とガッツポーツで迎える。美咲も素直に「よかった〜。あれを読んで、学校の授業で役立ててくれる人がいるなんて……本当にやってきてよかった」と噛み締める。

夕方、事務室に戻り、パソコンのメールを確認すると、蛭田さんから連絡が来ていた。実は今回のパンフレットを、館内に設置する前に蛭田さんに郵送していたのだった。

—パンフレット、ありがとうございます。お二人のユーモアも交えて、楽しく学べるようになっていますね。利用者の協力も得ながら進めたと聞いて、さっそく周囲を巻き込んで進められるスキルに感心しております。第二弾も楽しみですね—

美咲と由香は、蛭田さんからの温かなメッセージに、胸がいっぱいになった。小さくハイタッチをすると、由香はおもむろに口を開く。

「そういえばさっきみたいな、実際にあの資料を読む小中学生からテーマやアイディアを募集するのも面白そうじゃないですか？」

「え、それすごくいいかも！」

二人は後で課長に、アンケートボックスを設置して、利用者からテーマを募る取り組みを相談することにした。

（まだまだ始まったばかりだけど、ようやく前進した気がする……）

美咲はたしかな手応えを感じている。

すると、ちょうど課長が用事を済ませ、事務室に戻ってきた。

「あ、佐藤さん、ちょっといいかな？」

美咲は少し不安な気持ちで課長の席に向かう。

「実は今、隣の図書館に行って職員さんと話してきたんだけど、どうやらあそこでも新聞の整理をしようと議題に上がっていたみたいだよ」

美咲は、課長の目をまっすぐ見つめ、話に集中している。

「もしよかったら、協力して進めないかっていう話をしてみたんだよ。といっても、本当にその場で出たアイディアだから、今度改めて打ち合わせをする必要があるけど……」

「そうだったんですね」

「それで、その打ち合わせにもしよかったら、佐藤さんも同席してくれないかな？　蛭田さんから教えていただいたことを活かして、ぜひ次の取り組みも引っ張っていってくれないかな」

課長の問いかけに、美咲の瞳に光が宿る。

「はい、ぜひやらせてください！」

「よかった。もし忙しかったら、今後のスケジュールも考慮して、やり方を考えていこう」

そう指示を受けると、美咲は深々と頭を下げ、自席に戻る。自然と、タイピングをする手も軽やかになっている。

美咲と由香の地域資料サービスの取り組みは始まったばかり。しかし、二人の情熱と行動力が、国野市立中央図書館の地域資料サービスに新たな息吹をもたらし、未来へと続く道を明るく照らしている。

（Ｆｉｎ）

＜参考文献＞

○参考書籍
『地域資料サービスの実践』
蛭田廣一著　日本図書館協会

『地域資料のアーカイブ戦略』
蛭田廣一編　日本図書館協会

『地域資料入門』三多摩郷土資料研究会編　日本図書館協会

○参考サイト
小平市立図書館
『平櫛田中文庫　蔵書検索』
https://library.kodaira.ed.jp/cms/

・小平市立図書館
『新聞記事検索データベース』
https://library.kodaira.ed.jp/np/

・小平市立図書館
『地域資料分類表 』
https://library.kodaira.ed.jp/reference/local.html#localr

あとがき

「教えて！先生シリーズ」に地域資料が採用されて、登壇させていただくことになったのは大変光栄です。

本書は、ライター・松本温美さんの秀逸な才能によって編み出され綴られ、地域資料についての基本的な知識を十分に盛り込んで、登場人物を積極的かつ意欲的に学びに導く対話形式のシナリオとして創作されたものです。専門的な内容を解説するのは困難であるにもかかわらず、地域資料の定義や種類およびサービスの意義についてわかりやすく明快に描き出していただけました。また図書館経験が浅い司書が地域資料の担当者に任命されて、地域資料について一から学び始めるという設定で展開するストーリーは、人物描写が明確で活き活きとしていることもあって、読者を引き付けて離さない魅力に満ちています。

現在、図書館で地域資料を担当する職員は、資料の組織化をはじめとした事務作業に忙殺される日々を送っているのではないでしょうか。地域資料は対象とする範囲が特定の地域に限定されるものの、資料の種類やサービスの内容および対象者は図書館全般と同様です。したがって、地域資料担当者は図書館サービス全体にかかわり、図書館事業の総合を担っていると言っても過言ではありません。そのうえ、地域の課題解決や活性化といった行政課題とも不可分であり、将来的に益々需要が増していくと思われる資料のデジタル化や情報発信も避けて通れない分野です。

これらの事情を考えると、地域や社会の動向や変化に目を向けて、常に新しい技術や知識を身につけていかなければならないのが、司書の仕事であり図書館員の務めだと思います。つまり、司書である限り学び続けるのが宿命だと言えます。

さて、地域資料は現在の利用者が必要とする地域の課題や生活にかかわる資料は当然ですが、その図書館にしかない古文書や記録・美術・文学といった貴重資料も存在します。しかし、いくら貴重な資料でも厳重に保管されて利用されなければ意味がありません。利用され活用されてこそ資料価値が高まることを念頭に置いて、資料保存やデジタルアーカイブ等の技術を導入し、「利用のための資料保存」を実践するとともに、情報発信していく方法を模索することも地域資料担当者の責務です。本書をきっかけに、自分の視野を広げ能力を磨くことを楽しみながら知的満足追求にチャレンジしてみてください。

最後に本書の編集者として出版の企画と内容を充実し磨きをかけるためにご尽力いただいた、三膳直美氏に厚く感謝申し上げます。

二〇二四年六月　蛭田　廣一

蛭田《ひるた》 廣一《ひろかず》

1975年に青山学院大学文学部を卒業後、1975年から小平市立図書館に勤務開始し、2005～2008年まで小平市中央図書館館長。2008～2015年は小平市企画政策部参事（市史編さん）。この間、三多摩郷土資料研究会幹事、日本図書館協会資料保存委員会委員、ビジネス支援図書館推進協議会幹事等を歴任。2011年に日本図書館協会認定司書（1024号）を取得。その後、松本大学松商短期大学部・鶴見大学文学部・実践女子大学文学部の非常勤講師も務めた。2019～2021年は日本図書館協会専務理事。著書に『地域資料サービスの実践 補訂版（日本図書館協会）』『地域資料サービスの展開（日本図書館協会）』など多数、「地域資料」や「小平の歴史」等のテーマで、全国各地での講演活動も精力的に行っている。

「教えて！先生シリーズ」
蛭田先生。地域資料は集めるだけじゃダメってどういうことですか？
～ストーリーでわかる地域資料サービスの考え方～

ISBN：978-4-86140-505-1
C0000

2024年6月30日　第1刷発行

監修　蛭田廣一
発行者　道家佳織
編集・発行　株式会社DBジャパン
〒151-0073　東京都渋谷区笹塚1-52-6　千葉ビル1001
電話　03-6304-2431
FAX　03-6369-3686
E-mail　books@db-japan.co.jp
表紙イラスト　あさな（ペンネーム）
イラスト協力　日本工学院専門学校
クリエイターズカレッジ　マンガ・アニメーション科
印刷・製本　大日本法令印刷株式会社